Cornelia Trick

Predigten für den Alltag

Cornelia Trick

Predigten für den Alltag

Biblische Texte lebendig werden lassen

Fromm Verlag

Impressum/Imprint (nur für Deutschland/ only for Germany)
Bibliografische Information der Deutschen Nationalbibliothek: Die Deutsche Nationalbibliothek verzeichnet diese Publikation in der Deutschen Nationalbibliografie; detaillierte bibliografische Daten sind im Internet über http://dnb.d-nb.de abrufbar.

Contact:
International Book Market Service Ltd., 17 Rue Meldrum, Beau Bassin, 1713-01 Mauritius
Website: www.bookmarketservice.com
Email: info@bookmarketservice.com

Gedruckt in: USA, UK, Deutschland. Dieses Buch wurde nicht in Mauritius produziert.

Imprint (only for USA, GB)
Bibliographic information published by the Deutsche Nationalbibliothek: The Deutsche Nationalbibliothek lists this publication in the Deutsche Nationalbibliografie; detailed bibliographic data are available in the Internet at http://dnb.d-nb.de.

Contact:
International Book Market Service Ltd., 17 Rue Meldrum, Beau Bassin, 1713-01 Mauritius
Website: www.bookmarketservice.com
Email: info@bookmarketservice.com

Printed in: U.S.A., U.K., Germany. This book was not produced in Mauritius.

ISBN: 978-3-8416-0167-4

Inhalt

1 Einleitung 3

2 Jesus – Gott ist mit uns 5

2.1 Erwartet 5

2.1.1 Unterwegs zum Fest (Matthäus 25,14-30) 5

2.1.2 Geduldig anpacken (Jakobus 5,7-11) 9

2.2 Geboren in Bethlehem 13

2.2.1 Das Wort wurde Mensch (Johannes 1,1-14) 13

2.2.2 Perfekte Weihnachten (Lukas 2,1-20) 17

2.3 Gekreuzigt und gestorben 21

2.3.1 Sehen, was geschah (Lukas 23,33-49) 21

2.3.2 Herausgerufen vom Kreuz (Johannes 19,16-30) 25

2.4 Am dritten Tag auferstanden 29

2.4.1 Der Weg ist frei (Markus 16,1-8) 29

2.4.2 Jesus lebt! (Matthäus 28,1-10) 33

3 Jesus – ermutigt 39

3.1 In Sorgen 39

3.1.1 Jesus beim Wort nehmen (Johannes 4,43-53) 39

3.1.2 Willst du heil werden? (Johannes 5,1-16) 44

3.1.3 Hiob erhält Antwort (Hiob 19,23-27) 48

3.2 Erschöpfte 53

3.2.1 Lernen von Abraham (Hebräer 11,8-10) 53

3.2.2 Müde auf dem Weg (Hebräer 12,12-13) 58

3.2.3 Alles hat seine Zeit (Prediger 3,1-14) 62

3.3 Zum Neuanfang ... 66
3.3.1 Jesus steht am Ufer (Johannes 21,1-14) ... 66
3.3.2 Reiseführer für Christen (1 Petrus 5,5-11) ... 70

4 Jesus – bewegt **76**

4.1 Zur Umkehr ... 76
4.1.1 Gott greift ein (Joel 2,12-14) ... 76
4.1.2 Sauber oder rein? (1 Johannes 1,5-2,2) ... 80

4.2 Zu neuem Vertrauen ... 85
4.2.1 Leben im Licht (Epheser 5,8-14) ... 85
4.2.2 Hoffnung für die Osterinseln (Johannes 3,36) ... 89
4.2.3 Das Schönste kommt noch (Johannes 14,1-16) ... 93

5 Jesus – ruft in die Gemeinde **98**

5.1 Der Heilige Geist kommt ... 98
5.1.1 Geburtstag der Gemeinde (Apostelgeschichte 2,1-13) ... 98
5.1.2 Das zweite Pfingstfest (Apostelgeschichte 10,1-16.44-48) ... 102

5.2 Gemeinde unterwegs ... 108
5.2.1 Das ist Gemeinde (Philipper 2,1-5) ... 108
5.2.2 Steh auf! (Apostelgeschichte 12,1-11) ... 112
5.2.3 Aufgetankt – und dann? (Apostelgeschichte 12,12-17.25-13,5) ... 117
5.2.4 Glaube im Gemeindealltag (Apostelgeschichte 20,7-12) ... 121
5.2.5 Neuland betreten (Josua 3) ... 125

1 Einleitung

Die vorliegenden Predigten wurden in der Evangelisch-methodistischen Kirche in Bad Soden-Neuenhain, einer Vorstadt von Frankfurt/Main gehalten. Da an den Gottesdiensten sowohl Jugendliche und Junge Erwachsene als auch Ältere teilnahmen, wurde besonders auf die Allgemeinverständlichkeit und die Verbindung zum täglichen Leben wertgelegt.

Die Predigten wollen Gottes Wort in die Lebenswirklichkeit von Menschen bringen, die vielfältige Herausforderungen in familiärer, beruflicher und gesellschaftlicher Weise zu bestehen haben. Sie machen Mut, den christlichen Glauben in Gemeinschaft zu leben und Gemeinde zu gestalten.

Der Weg durch das Neue Testament beginnt in Kapitel 2 mit den Eckdaten des Lebens Jesu, seiner Geburt, seiner Kreuzigung und seiner Auferstehung. Die Predigten nehmen die unterschiedlichen Betonungen der Evangelien und des Jakobusbriefes ernst und beleuchten Geburt, Tod und Auferstehung auf diesem Hintergrund.

Kapitel 3 widmet sich dem Zuspruch und der Ermutigung des Einzelnen und der Gemeinde durch Worte alttestamentlicher Zeugen, Jesu und neutestamentlicher Briefe.

Kapitel 4 widmet sich dem Weg in die Zukunft, der mit einer Richtungsänderung beginnen und zu neuem Gottvertrauen führen kann.

Im letzten Kapitel werden, ausgehend von der Ausgießung des Heiligen Geistes zu Pfingsten, Themen der Gemeinde angesprochen. Sie werden an Situationen der Urgemeinde in Jerusalem, einer von Paulus gegründeten Gemeinde und grundlegend an der Geschichte des Volkes Israel beim Auszug aus Ägypten ins gelobte Land erörtert.

Die Predigten sind auf Dialog hin angelegt und eröffnen das Gespräch und weiteres Nachdenken über Inhalte des Glaubens. Sie können der persönlichen Ermutigung dienen und sind als Gesprächseinstieg für Kleingruppen geeignet. Auch bei der Vorbereitung von Predigten mag die eine oder andere Anregung hilfreich sein.

Predigten sind im Herzen angekommen, wenn sie die biblische Botschaft mit der eigenen Lebenswelt in Verbindung bringen und den Blick auf Neues richten. Dazu möge dieses Buch beitragen.

Die biblischen Texte sind entweder nach der Luther-Übersetzung von 1984 oder der Gute-Nachricht-Übersetzung von 2000 zitiert.

Weitere Predigten sind online unter www.predigt-online.de verfügbar.

2 Jesus – Gott ist mit uns

2.1 Erwartet

2.1.1 Unterwegs zum Fest (Matthäus 25,14-30)

Die heranwachsenden Kinder finden nach der Schule einen Brief ihrer Eltern vor:

„Liebe Kinder, haben gerade einen Anruf bekommen. Oma geht es sehr schlecht. Wir müssen gleich aufbrechen. Wissen nicht, wie lange wir bleiben müssen. Sicher ein paar Tage. Julia: In der Zwischenzeit koche du bitte euer Essen. Fertiggerichte sind in der Tiefkühltruhe. Leonhard: Versorge du bitte die Tiere. Lisa: Kümmere dich bitte um eure Wäsche. Felix: Stelle diese Woche bitte die Mülleimer an die Straße, denke auch ans Altpapier. Telefonnummer für Notfälle und falls ihr Hilfe braucht: 5015 und ansonsten die Gemeindeleute. Es lieben euch eure Eltern“

Was werden die Kinder tun? Werden sie den Zettel ignorieren, sich jede und jeder in eine Ecke verkrümeln und einfach nichts tun, bis die Eltern wiederkommen? Wohl kaum. Sie werden erfüllt sein von dem Wunsch, ihren Eltern keine Sorgen zu bereiten und den Haushalt soweit am Laufen zu halten, dass niemand darunter leiden muss. Sie werden nicht auf die Eltern schimpfen, die sie verlassen haben, sondern ihre Liebe und Fürsorge auch von Ferne spüren.

Einen solchen Brief hat Jesus seiner Gemeinde in der Form eines Gleichnisses geschrieben.

Matthäus 25,14-30

„Es ist wie bei einem Mann, der verreisen wollte. Er rief vorher seine Diener zusammen und vertraute ihnen sein Vermögen an. Dem einen gab er fünf Zentner Silbergeld, dem anderen zwei Zentner und dem dritten einen, je nach ihren Fähigkeiten. Dann reiste er ab. Der erste, der die fünf Zentner bekommen hatte, steckte sofort das ganze Geld in Geschäfte und konnte die Summe verdoppeln. Ebenso machte es der zweite: Zu seinen zwei Zentnern gewann er noch zwei hinzu. Der aber, der nur einen Zentner bekommen hatte, vergrub das Geld seines Herrn in der Erde. Nach langer Zeit kam der Herr zurück und wollte mit seinen Dienern abrechnen. Der erste, der die fünf Zentner erhalten hatte, trat vor und sagte: „Du hast mir fünf Zentner anvertraut, Herr, und ich habe noch weitere fünf dazuverdient; hier sind sie!“ „Sehr gut“, sagte sein Herr, „du bist ein tüchtiger und treuer Diener. Du hast dich in kleinen Dingen als zuverlässig erwiesen, darum werde ich dir auch Größeres anvertrauen. Komm zum Freudenfest deines Herrn!“ Dann kam der mit den zwei Zentnern und sagte: „Du hast mir zwei Zentner gegeben, Herr, und ich habe noch einmal zwei Zentner dazuverdient.“ „Sehr gut“, sagte der Herr, „du bist ein tüchtiger und treuer Diener. Du hast dich in kleinen Dingen als zuverlässig erwiesen, darum werde ich dir auch Größeres anvertrauen. Komm zum Freudenfest deines Herrn!“ Zuletzt kam der mit dem einen Zentner und sagte: „Herr, ich wusste, dass du ein harter Mann bist. Du erntest, wo du nicht gesät hast, und sammelst ein, wo du nichts ausgeteilt hast. Deshalb hatte ich Angst und habe dein Geld vergraben. Hier hast du zurück, was dir gehört.“ Da sagte der Herr zu ihm: „Du unzuverlässiger und fauler Diener! Du wusstest also, dass ich ernte, wo ich nicht gesät habe, und sammle, wo ich nichts ausgeteilt habe? Dann hättest du mein Geld wenigstens auf die Bank bringen sollen, und ich hätte es mit Zinsen zurückbekommen! Nehmt ihm sein Teil weg und gebt es dem, der die zehn Zentner hat! Denn wer viel hat, soll noch mehr bekommen, bis er mehr als genug hat. Wer aber wenig hat, dem wird auch noch das Letzte weggenommen werden. Und diesen Taugenichts werft hinaus in die Dunkelheit draußen! Dort gibt es nur noch Jammern und Zähneknirschen.“ (Gute Nachricht)

Die Adventgemeinde weiß, von welchem Mann Jesus redet. Er spricht von sich selbst. Und die Gemeinde kennt diesen Mann. Sie weiß, dass es der Immanuel der Weihnachtsgeschichte ist, „Gott ist mit uns“. Sie hat die Worte Jesu im Ohr: „Kommt her zu mir alle, die ihr mühselig und beladen seid, ich will euch erquicken.“ Sie hat Erfahrung mit Jesus gesammelt, der den Seesturm stoppte, heilte und dem Bösen Einhalt gebot. Der Mann war für die Gemeinde vertrauenswürdig.

Die Knechte stehen für die Gemeinde. So sind die Menschen, die zu Jesus gehören, mit Jesus verbunden, von ihm abhängig, auf ihn angewiesen und ihr Leben ihm zur Verfügung stellend.

Das Vermögen steht für die Gaben, die Jesus mit dem Heiligen Geist schenkt. Sie gehören zu Jesu Vermögen und repräsentieren es. Dass jemand die Gabe des Gebets, die Gabe der Lehre, die Gabe des Dienens oder andere Gaben hat, ist so wertvoll wie ein großer Haufen Silber.

Die Handlung ist klar. In der Zeit seiner Abwesenheit vertraut Jesus der Gemeinde sein Vermögen an. Die Adventgemeinde, die auf den wiederkommenden Herrn am Ende der Zeiten wartet, ist angesprochen.

Von Jesus berufen

Wie den Kindern, die plötzlich mit der Abreise ihrer Eltern konfrontiert waren, ging es wohl auch den Knechten. Der Herr rief sie zu sich und teilte sein Vermögen unter ihnen auf, je nach dem, wie viel er ihnen zutraute. Das mag mit unseren Vorstellungen nicht ganz übereinstimmen. Haben wir doch eher im Kopf, dass irgendwo im Gemeindezentrum eine Liste mit Jobs hängt, auf der sich jede und jeder eintragen kann, wo er oder sie will. Und wenn man gerade keine Lust auf einen Job hat, läuft man an dieser Liste einfach vorbei. Von Listen ist in dieser Beispielgeschichte nicht die Rede. Nur von einem Anruf ohne Vorbereitung und einer konkreten Arbeitsanweisung. Auch geht in diesem Gleichnis niemand leer aus, alle bekommen ihren Teil vom Vermögen des Herrn.

Auf Jesus zu warten, ist offensichtlich keine tote Zeit, die wir einfach nur absitzen müssen. Die Wartezeit ist gefüllt mit der Verantwortung für die anvertrauten Gaben. Wir bekommen diese Gaben zugeteilt und können sie uns nicht aussuchen. Wir können uns auch nicht davor drücken, denn Jesus ruft uns persönlich zu sich. Ist uns das bewusst? Jesus begabt uns, damit wir ihn mit diesen Gaben groß machen und andere zu ihm finden können. Das ist unser Auftrag, während wir auf seine Wiederkunft warten.

Vor die Entscheidung gestellt

Wenn Jesu Ruf uns trifft und er uns unmissverständlich deutlich macht, dass er uns braucht, genau mit den Gaben, die er uns geschenkt hat, dann sind wir vielleicht verwirrt. Niemand kann uns die Entscheidung abnehmen, ob wir uns darauf einlassen. Denn die Konsequenzen sind offensichtlich. Jesus wird die erste Priorität einnehmen. Seine Gaben einzusetzen, ist Lebensaufgabe und nicht nur dann gefordert, wenn nichts anderes läuft. Ich muss mich darum kümmern, was Jesus von mir erwartet, das heißt, mich mit der Bibel beschäftigen, die Gemeinschaft mit Christen suchen und mit Jesus reden. Denn wenn ich mich nicht darum kümmere, kann es mir gehen wie dem dritten Knecht. Der pflegte seine Vorurteile gegenüber dem Herrn und nahm das als Ausrede, sich mit dem Anvertrauten nicht zu beschäftigen. Ich kann Verantwortung auch nicht auf andere abschieben und mit ihnen einfach mitschwimmen, so nach dem Motto, wenn alle aktiv sind, fällt es nicht auf, was ich so treibe. Der dritte Knecht hatte nichts davon, dass die anderen beiden so viel Gewinn erwirtschafteten.

Keinen Plan in der Hand haben

Die Knechte bekamen keinen Wirtschaftsplan in die Hand, was sie mit dem Vermögen in den nächsten Monaten anstellen sollten. Ihnen war alle Freiheit gelassen. So lässt Jesus uns mit seinen Gaben auch alle Freiheit. Es gibt nur eine Handlungsanweisung: sie einzusetzen, um Jesus groß zu machen und Menschen mit ihm in Berührung zu bringen.

Aus den Anfängen der christlichen Kirche wissen wir, wie die Gemeinden vorgegangen sind, um zu entdecken, wo sie gebraucht wurden. Sie setzten sich zusammen und beschäftigten sich mit Gott, beteten, fasteten, machten sich bereit, um seine Stimme zu hören. So kam es dazu, dass sie die richtigen Leute aussandten, um neue Gemeinden zu gründen, dass sie die richtigen Leute fanden, die in der Diakonie tätig waren oder ihr Haus für die Gemeinde zur Verfügung stellten.

So können wir auch vorgehen. Statt auf den Plan vom Himmel zu warten, können wir mit Jesus im Gespräch sein und Schritt für Schritt entdecken, wo uns die Gaben hinführen. Das kann manchmal auch über Umwege gehen, doch werden wir nicht ohne Jesus und seine Begleitung mit einem fertigen Plan loslaufen können.

Selbstständig werden

Die Knechte zeigten ein hohes Maß an Selbständigkeit in jenem Unternehmen. Übertragen wir das auf uns. Auch wir sind in dem Unternehmen Jesu tätig, bei dem Jesus der Geschäftsführer ist. Er braucht selbständige Mitarbeiter, auf die er sich verlassen kann. Dazu gehört, dass wir

- die Geschäftsidee verinnerlicht haben: Machet zu Jüngern alle Menschen
- selbst als Jünger leben und nicht nur davon reden
- zu einer Unternehmenskultur beitragen, die Jesu Frieden und Versöhnung widerspiegelt.

Dazu helfen kann die Gemeinschaft, mit der wir uns unterstützen und einander helfen, unseren Auftrag zu erfüllen. Dem dritten Knecht fehlte die Gemeinschaft. Seltsam isoliert stand er neben den beiden anderen Knechten. Sie hätten ihm helfen können.

Erfolgsbilanz

Nach langer Zeit kommt der Herr wieder und fordert von seinen Knechten Rechenschaft. Zwei Knechte hatten investiert und gewonnen, ein Freudenfest wartet auf sie. Der dritte Knecht hatte sich vor den Konsequenzen des Rufes gedrückt. Er benutzt eine faule Ausrede, um sich rauszureden. Doch es hilft ihm jetzt nichts, Jesus lässt ihn den eingeschlagenen Weg weitergehen. Er wollte nichts mit dem Vermögen seines Herrn zu tun haben, so hat er auch jetzt nichts mit seinem Herrn zu tun und wird rausgeschmissen.

Das Freudenfest ist dazu doch wirklich eine Alternative. Es ist das Sinnbild für die Ewigkeit, wenn Jesus unser Leben vollendet und wir mit ihm zusammen sind.

Adventszeit ist Vorbereitung auf das Freudenfest. Den Ruf Jesu sollten wir hören und ernst nehmen. Die Entscheidung, für Jesus ganz da zu sein, müssen wir immer wieder neu treffen. Das ist unsere Chance, Neues zu entdecken und mit Jesus im Gespräch zu bleiben. Wir sollten selbstständig die Möglichkeiten ergreifen und nicht warten, bis andere uns die Aufgaben auf dem Tablett servieren. Keine Angst. Wenn alle ihre Gaben einbringen und damit die anfallenden Aufgaben anpacken, entstehen kein Stress und keine Überforderung, denn Jesus teilt nach unseren Möglichkeiten zu. Stress entsteht erst, wenn einer sein Vermögen in der Ecke liegen lässt. Dann muss nämlich die, die schon viel am Laufen hat, auch noch diesen Teil bearbeiten.

Für den dritten Knecht war es zu spät. Er konnte seinen Fehler nicht wieder gut machen. Doch wir als Adventsgemeinde haben noch die Chance, das Vergrabene auszupacken und ein neues Ja zur Berufung zu sprechen.

„Der in euch angefangen hat das gute Werk, der wird's auch vollenden bis an den Tag Christi Jesu." (Philipper 1,6, Luther-Übersetzung)

2.1.2 Geduldig anpacken (Jakobus 5,7-11)

Als wir in den Walliser Alpen den Pollux bestiegen und den Gipfelgrat erreichten, erklärte uns der Bergführer, dass er uns nun ans kurze Seil nehmen würde. Er wollte sofort spüren, wenn wir nach einer Seite abrutschten, um dann auf die andere Seite zu springen. So konnte er uns vor dem freien Fall bewahren und verhindern, dass wir zu dritt in den Abgrund gerissen würden.

Advent ist eigentlich eine Gratwanderung. Auf beiden Seiten geht es steil nach unten, und die Gefahr besteht abzustürzen. Auf der einen Seite fallen wir herunter, wenn wir das Ziel aus den Augen verlieren, den Herrn, der uns entgegenkommt und auf den wir warten. Wir richten uns im Hier und Jetzt ein, sind zufrieden und erwarten Jesus Christus nicht mehr als Retter und Richter dieser Welt. Auf der anderen Seite stürzen wir ab, wenn wir vor lauter Warten auf den Herrn die Gegenwart mit ihren Herausforderungen vergessen und unsere Füße nicht mehr auf den realen Untergrund unseres Lebens hier und heute setzen. Wir empfinden die Gegenwart als unwichtig, die Tagespolitik als vergeblich und bald sowieso überflüssig. Warum sich da noch engagieren?

Der Schreiber des Briefes, der Jakobus genannt wird, hat diese Gratwanderung im Blick. Er will helfen, auf dem Grat zu bleiben und sowohl das Ziel im Auge zu behalten als auch die Gegenwart mit voller Aufmerksamkeit zu leben. Als Christ sagt er Christen, wie sie den Grat bis zu Jesu Wiederkommen bewältigen können.

Jakobus 5,7-11

„Liebe Brüder und Schwestern, haltet geduldig aus, bis der Herr kommt! Seht, wie der Bauer voller Geduld auf die kostbare Frucht der Erde wartet. Er weiß, dass sie zum Wachsen den Herbstregen und den Frühjahrsregen braucht. Auch ihr müsst geduldig ausharren! Fasst Mut; denn der Tag, an dem der Herr kommt, ist nahe. Klagt nicht übereinander, sonst muss Gott euch verurteilen. Der Richter steht schon vor der Tür. Liebe Brüder und Schwestern, denkt an die Propheten, die im Auftrag des Herrn geredet haben. Nehmt euch ein Beispiel daran, wie standhaft sie ihre Leiden ertrugen! Allen, die durchhalten, ist unvergängliche Freude gewiss. Ihr habt gehört, wie geduldig Hiob die Proben ertrug, die ihm auferlegt wurden, und wisst, wie der Herr ihn am Ende belohnt hat. Der Herr ist voller Liebe und Erbarmen.“ (Gute Nachricht)

Die Situation, in die hinein Jakobus diesen Brief schreibt, wird durch äußere und innere Spannungen geprägt. Von außen wird die Gemeinde der jungen Christen angefeindet. In der Gemeinde sorgen soziale Gegensätze zwischen Armen und Reichen für Konflikte, man redet schlecht übereinander und miteinander, man trifft keine klare Entscheidung für die Gemeinde und steht mit einem Fuß noch in der Welt, die Jesus Christus nicht kennt. Jakobus kritisiert Habgierige und Ausbeuter, die auf Kosten anderer leben und wohl auch zur Gemeinde gehören.

Mit diesem Hintergrund hat Jakobus allen Grund darauf hinzuweisen, wie wichtig es ist, auf dem Grat zu bleiben. Weder ein gemütliches Einrichten in Reichtum und Wohlstand noch ein gleichgültiges Hinweggehen über ungerechte Zustände, die Gottes Willen nicht entsprechen, sind Zeichen einer Gratwanderung, sondern eher Ursachen für den Absturz. Deshalb mahnt er:

„Haltet geduldig aus, bis der Herr kommt“

Jakobus nennt zwei Beispiele. Er vergleicht das Leben eines Christen mit dem eines Bauern. Der Bauer ist angewiesen auf Herbstregen und Frühjahrsregen, wenn er sein Wintergetreide ernten will. Bleibt der Regen aus, wird seine Saat verdorren, und die Scheunen bleiben leer. So wie der Bauer auf den Regen ist der Christ auf den Segen Gottes angewiesen, der seiner Saat erst das Gedeihen gibt und zu Ernte führen wird. Während des Regnens ist Wachstumszeit.

Das zweite Bild zeigt die Propheten, wie sie im Alten Testament beschrieben sind. Sie hatten von Gott die Zusage, dass er gewiss kommen und eingreifen würde. Als der Prophet Habakuk verzweifelt fragte: „Herr, wie lange sollen wir noch auf Hilfe warten?“, antwortete Gott: „Was ich ankündige, wird erst zur vorbestimmten Zeit eintreten. Wenn das Angekündigte sich verzögert, warte darauf! Es wird bestimmt eintreffen und nicht ausbleiben.“ (Habakuk 1,2; 2,3) Obwohl die Propheten wussten und sich immer neu zusprechen ließen, dass Gott kommen wird um zu retten, setzten sie sich mit ihrem ganzen Leben dafür ein, die Irrwege des Volkes Israel zu stoppen und der Geschichte eine Wende zu geben. Bis zuletzt suchten sie die Auseinandersetzung mit den Machthabern, um sie umzustimmen, wie das auch an der Lebensgeschichte Jeremias abzulesen ist. Die Propheten wussten um das Ziel und lebten doch voll und ganz im Jetzt. Sie erstarrten oder resignierten nicht, sondern packten ihre Aufgabe an. Auch wenn Hiob kein Prophet war, so zeigt doch auch seine Geschichte, wie er die Schicksalsschläge nicht einfach resigniert zur Kenntnis nahm, sondern mit Gott rang, um dessen Wege zu verstehen und mit ihm wieder einig zu sein. Er ließ Gott nicht los, bis der ihm Antwort gab. Und Gott belohnte seine Beharrlichkeit, auf dem Gipfelgrat zu bleiben, um ans Ziel zu kommen.

Die Geduld des Bauern

Sie kennen sicher die roten wunderschönen Tomaten im Winter, die nach nichts schmecken. Sie werden in den wärmeren Ländern grün gepflückt, um unbeschädigt transportiert werden zu können. Im Zielland werden sie mit Kohlendioxid geduscht und gewinnen so schnell ihre rote Farbe. Aber den Reifeprozess am Strauch kann das Kohlendioxid nicht ersetzen. Und mit dem Reifeprozess bleibt der Geschmack auf der Strecke. Wie mit Tomaten gehen wir auch mit anderen Themen um, es fällt schwer, geduldig zu sein. Man möchte das Reifen abkürzen und nach dem Säen gleich ernten. Doch es funktioniert weder bei Tomaten und Wintergetreide noch bei den wirklichen Lebensthemen.

Das hat verschiedene Gründe:

Wir brauchen Zeit zum Lernen. Nur was mehrfach wiederholt wird, speichert sich im Langzeitgedächtnis ab. Und selbst dann muss es wieder und wieder erinnert werden. Wie staunte ich, als ich vor kurzem ein paar alte Mathe-Hefte aus meiner Schulzeit fand. Es waren dieselben Aufgaben, die unsere Kinder jetzt rechnen, und das Faszinierende, ich hatte sie damals gelöst. Heute kommen mir diese Aufgaben wie eine unbekannte Fremdsprache vor. Ich habe Teile der Mathematik vergessen, weil ich sie nicht mehr angewandt hatte. Um Gott zu vertrauen, brauche ich Zeit. Ich muss die Vertrauensübungen täglich wiederholen, immer wieder mich in seine Hand fallen lassen. Um Gott zu gehorchen brauche ich Übung. In verschiedenen Lebenssituationen muss ich Gottes Willen folgen lernen und in den Fußspuren Jesu gehen. Mit einem Mal werde ich es nicht lernen.

Wir brauchen Zeit zum Verlernen. Als wir damals unsere Gipfeltouren u.a. in den Walliser Alpen machten, mussten wir auch viel verlernen, z.B. war es absolut lebensgefährlich, sich aus dem Seil auszuklinken und sein eigenes Ding zu machen. Sogar ein Solo-Toilettengang war unmöglich, auch dabei mussten wir im Seil eingebunden bleiben. Wir mussten verlernen, nach eigenem Tempo zu laufen. Schrittgeber war der Bergführer, und nur in seinem Tempo hatten wir eine Chance, auf den Gipfel zu kommen. Wir verlernten auch sehr schnell, unsauber aufzutreten, nur mit der vollen Sohle fanden unsere Steigeisen im Eis Halt. Einfach so zum Gipfel tänzeln, ging nicht. Wir waren auf 4000m Höhe, nicht im Einkaufszentrum. Wir mussten verlernen, uns nur um uns selbst zu kümmern. Das schwächste Glied in unserer Gruppe war der Maßstab. So verlernen wir auch unter Jesu

Leitung Solo-Touren, Überholmanöver und Egoismus. Und das braucht Zeit, für die wir Geduld aufwenden sollten.

Geduld brauchen wir auch für Wachstumsprozesse, die schmerzen. Es scheint verlockend, diese Wachstumsprozesse abzukürzen: „Ich bin so, und das ist gut so!“ Aber wir berauben uns der Möglichkeit, uns durch Gottes Regen weiterzuentwickeln. Wir tun gut daran, die Gelegenheiten zu nutzen, uns in Frage zu stellen und Gott an uns arbeiten zu lassen.

Die Geduld des Bauern ist adventliche Geduld. Sie ermöglicht, dass wir bereit werden, den kommenden Herrn zu empfangen. Sie macht uns aufnahmefähig für Gottes Leitung und bewahrt uns davor, den kommenden Herrn aus den Augen zu verlieren.

Die Geduld der Propheten

Wir haben eine Gefriertruhe, die langsam in die Jahre kommt. Vor kurzem ging die Abtauautomatik irgendwie kaputt, seitdem ist in der ersten Schublade hauptsächlich Wassereis. Nun, die anderen drei Schubladen funktionieren noch. Und da man nach 20 Jahren sowieso eine neue Truhe kaufen sollte, bis dahin nur noch gut zwei Jahre fehlen, lohnt sich auch kein Kundendienst mehr. Kratzen wir eben noch zwei Jahre munter das Eis ab. Ist unsere Welt etwa auch eine 18-jährige Gefriertruhe? Ist es uns egal, ob sie in den verbleibenden Jahren noch funktioniert, und einen Kundendienst finden wir zu teuer?

Nein, lehren uns die Propheten. Auch wenn nur noch zwei Jahre bleiben sollten, haben wir uns voll und ganz ins Geschehen dieser Welt einzumischen. Wir sind aufgefordert Gottes Willen zu leben. Das entfaltet sich in drei Richtungen.

- Wir laden Menschen in die Beziehung zu Jesus ein.
- Wir sorgen für diese Welt, die Gottes Schöpfung und Eigentum ist. Wir behandeln sie wie ein Pflegetier, das wir über die Ferien für unsere Freunde zu versorgen haben. Mit allen Kräften werden wir verhindern, dass das Tier durch Vernachlässigung sterben wird. Wie sollten wir unseren Freunden je wieder unter die Augen treten können?
- Wir leben Barmherzigkeit, wie wir sie von Jesus erfahren haben. Den Lazarus vor der Tür versorgen wir, weil es unser ureigenster Wunsch ist, Liebe denen zu geben, die nichts erwidern können.

Unser Einsatz hat immer das Ziel vor Augen und ist Hinweisschild darauf: Jesus kommt wieder, er richtet einen neuen Himmel und eine neue Erde auf, und dort werden Friede und Gerechtigkeit wohnen.

Fasst Mut! Klagt nicht übereinander!

Es braucht Mut, einen Gipfelgrat zu begehen. Schnell wird einem dabei schwindlig, der Abgrund links und rechts übt regelrecht Sogwirkung nach unten aus. Gut, dass wir Jesus als Bergführer bei uns haben, der auf die andere Seite springt, wenn wir ins Rutschen kommen.

Wir sind nicht allein unterwegs. Als Gemeinde sollen wir beieinander bleiben. So haben wir den Rücken frei für den Außendienst und bilden das Werbeposter für den neuen Himmel und die neue Erde: in Liebe beieinander, geheilt und heilend, in Gemeinschaft mit Jesus. Statt übereinander zu stöhnen, können wir uns in der Fürbitte einüben, ein viel effektiverer Weg des Aneinander-Denkens.

Da unser Weg Zeit braucht und unser Wachstum Geduld erfordert, ist es wichtig, uns von Jakobus zusagen zu lassen:„Der Herr ist voller Liebe und Erbarmen“, er führt den Weg über den Grat zum Ziel.

2.2 Geboren in Bethlehem

2.2.1 Das Wort wurde Mensch (Johannes 1,1-14)

Die Nacht im Stall von Bethlehem liegt hinter uns. Wir haben sie im Kreis der Familie, mit Freunden oder auch allein nachvollzogen. Jesus ist geboren als Heil für die Welt und für uns ganz persönlich.

Heute Morgen können wir das Weihnachtsgeschehen umfassender betrachten. Wir sehen den Horizont, wie es zu der Geburt Jesu gekommen ist, und wir sehen weiter, wohin uns der Anfang im Stall führt. Deshalb steht jetzt die „etwas andere Weihnachtsgeschichte“ nach dem Evangelium des Johannes im Mittelpunkt. Dort wird keine Stallidylle beschrieben, sondern der Gesamtzusammenhang von Gott und Welt wird beleuchtet.

Johannes 1,1-14

„Im Anfang war das Wort, und das Wort war bei Gott, und Gott war das Wort. Dasselbe war im Anfang bei Gott. Alle Dinge sind durch dasselbe gemacht, und ohne dasselbe ist nichts gemacht, was gemacht ist. In ihm war das Leben, und das Leben war das Licht der Menschen. Und das Licht scheint in der Finsternis, und die Finsternis hat's nicht ergriffen.

Es war ein Mensch, von Gott gesandt, der hieß Johannes. Der kam zum Zeugnis, um von dem Licht zu zeugen, damit sie alle durch ihn glaubten. Er war nicht das Licht, sondern er sollte zeugen von dem Licht. Das war das wahre Licht, das alle Menschen erleuchtet, die in diese Welt kommen.

Er war in der Welt, und die Welt ist durch ihn gemacht; aber die Welt erkannte ihn nicht. Er kam in sein Eigentum; und die Seinen nahmen ihn nicht auf. Wie viele ihn aber aufnahmen, denen gab er Macht, Gottes Kinder zu werden, denen, die an seinen Namen glauben, die nicht aus dem Blut noch aus dem Willen des Fleisches noch aus dem Willen eines Mannes, sondern von Gott geboren sind. Und das Wort ward Fleisch und wohnte unter uns, und wir sahen seine Herrlichkeit, eine Herrlichkeit als des eingeborenen Sohnes vom Vater, voller Gnade und Wahrheit.“ (Luther-Übersetzung)

Jesus – Gottes Wort für die Welt

Der Evangelist hat ein besonderes Anliegen. Er möchte die Geburt Jesu in einen großen Zusammenhang stellen. Seine Geburtsgeschichte beleuchtet deshalb auch nicht das Jahr 0, dieses Wissen um die besondere Nacht in Bethlehem setzt Johannes voraus. Er schaut zurück auf das Jahr 0 der Erde. Jesus ist das Wort, das Gott sprach. Gott und sein Wort sind so wenig zu unterscheiden wie wir von dem, was wir sagen. Jesus ist das Wort, mit dem Gott die Erde schuf. Folglich war Jesus schon da, als diese Erde noch nicht existierte. Er als Wort Gottes rief sie ins Leben. Sein Wort war der Beginn der Schöpfungsgeschichte. Wie Jesus die Schöpfung in Gang setzte, so bleibt er mit dieser Welt verbunden. Ohne ihn kann diese Welt nicht existieren. Ohne Gottes Atem und Geist und sein bejahendes Wort fehlt der Welt die Luft zum Atmen, sie stirbt. So ist Jesus nicht nur als Wort Gottes der Anfänger dieser Welt, sondern auch ihr Wegbegleiter und Vollender. Das Wort Gottes: „Siehe, ich mache alles neu“ heißt nichts anderes, als dass Jesus als Wort Gottes auch am Ende der Zeiten alles neu machen wird. Jesus umgreift unsere Weltzeit. Er ist das Licht, das Leben gibt unabhängig von uns Menschen. Er kennt keine Begrenzung von Ort und Zeit. Alle Dinge sind durch ihn gemacht, alle Menschen sollen sein Licht aufnehmen, sie sollen ihm glauben.

So weitet der Evangelist den Blick über ein paar Hirten und Zeitgenossen im Jahre 0 auf alle Zeiten und alle Menschen aus. Jesus hat Bedeutung, gestern, heute und in Ewigkeit.

Das übrigens deuten auch die beiden klassischen Weihnachtsgeschichten nach Matthäus und Lukas an. Matthäus berichtet von den Weisen, die aus dem fernen Orient gekommen sind, um Jesus anzubeten. Er deutet damit den weltweiten Horizont der Geburt Jesu an, der durch Jesu Missionsbefehl am Ende des Evangeliums bestärkt wird. Lukas zitiert den Verkündigungsengel: „Siehe, ich verkünde euch große Freude, die allem Volk widerfahren wird.“ (Luther-Übersetzung)

Das Weihnachtsevangelium beginnt am ersten Schöpfungstag. Licht schuf Gott und Leben, damit auf der Welt sein Heil und Friede herrschen können. Doch diesem Licht stellen sich Hindernisse in den Weg. Sie bauen sich auf wie Betonmauern, schirmen ab vom Licht, dass dahinter nur noch Dunkelheit zu finden ist. Johannes erwähnt drei solche Betonmauern:

Die Finsternis der Welt, Menschen, die das Licht nicht aufgreifen, und die Seinen, die Jesus nicht annehmen. Die Finsternis der Welt ist das Böse, eine Macht, die sich dem Licht von Anfang an entgegenstellt. Es ist die Sünde, die einflüstert: Du kommst ohne Gott besser zurecht, er will dein Leben doch nur begrenzen und beschneiden. Mach dich unabhängig von Gott, dann wirst du selbst Gott. Die Finsternis der Menschen bricht da an, wo die Sünde Raum gewinnt. Exemplarisch deutlich wird das in den Anfängen des Volkes Israel, als es unterwegs durch die Wüste ins gelobte Land ist. Misstrauen gegenüber Gottes Verheißung, Kleinglaube, dass Gott sie verhungern und verdursten lässt, Gleichgültigkeit gegenüber Gottes Werben um sie kennzeichnen diese Zeit. Gottes Licht scheint, doch wird es abgehalten durch die verschlossenen Herzen der Menschen. Die dritte Mauer ist die Finsternis, die die umgibt, die eigentlich zu ihm gehören. Die religiös engagierten Zeitgenossen lehnen das Licht ab. Das ist besonders tragisch, da sie ja mit ganzem Herzen Gott dienen wollen. Vielleicht ist es so, wie wenn ein Fahrgast auf dem Bahnsteig steht und auf seinen Zug wartet. Er hat seine Abfahrtszeit auf einem Zettel ausgedruckt. Der Zug fährt ein, ist ein bisschen verspätet. Doch der Fahrgast steigt nicht ein, er verlässt enttäuscht den Bahnhof, weil er stur an der Abfahrtszeit auf dem Zettel festhält und nicht glauben kann, dass der verspätete Zug sein Zug ist. Der Zug verlässt schließlich ohne den Fahrgast den Bahnhof. Pech gehabt, wer sich mehr auf seinen Zettel als auf die Durchsage des Lautsprechers vor Ort verlässt. Noch so sehr Engagierte für Gottes Sache können buchstäblich den Zug verpassen, wenn sie ihrem Plan mehr vertrauen als dem lebendigen Wort Gottes, Jesus, der zu ihnen direkt reden will.

Jesus – Gottes Licht für die Welt

Jesus wird Mensch mitten in den Betonmauern der Dunkelheit. Doch an einer Seite lassen die drei Betonmauern das Licht nach außen strahlen. Dort, an der offenen Seite befinden sich Menschen, die das Licht aufnehmen und ihr Herz für Jesus öffnen. Sie sind nicht randvoll mit ihren eigenen Terminen, Themen, Lebensgeschichten und Aufgaben, sondern geben Jesus Raum. Oft ist es der kleine, unscheinbare Raum, in den Jesus praktisch durch die Hintertür eintritt. Der Raum, in dem mancher Mist lagert, die Probleme sich anhäufen, Schuld begraben liegt. In diesen Bereich des Herzens lassen sie Jesus hineinkommen, und er macht den Stall voller Müll hell. Sein Licht erleuchtet Selbstzweifel, Unsicherheiten, den Schmerz, Krankheit, Verlust und Schuld. Sein Licht deckt auf, was unter der hoch polierten Oberfläche der Feiertage verborgen ist. Sein Licht ermutigt zuzugeben, ja, mir geht es nicht besser als dem Verlorenen Sohn, der sich im Schweinekoben wieder fand und beschloss, zu seinem Vater zurückzukehren. Dieses Licht ist aber nicht nur kaltes Licht, das aufdeckt, sondern auch heilendes Licht, das wärmt und Neues wachsen lässt. Er, der als Gottes Wort die Welt schuf, er steht auch für Neuanfänge in unserem Leben. Dieses Licht ins Herz zu lassen, bedeutet glauben, und dafür ist Jesus als Mensch in die Welt gekommen.

Die kleine Schar derer, die Jesus durch die Hintertür in ihr Leben gelassen haben, bekommt von ihm her die Kraft, die Betonmauern zum Einsturz zu bringen wie seinerzeit die Mauern von Jericho. Sie ist beauftragt, das Licht in die Welt zu tragen und Jesus groß werden zu lassen. Sie ist eingeladen, den Frieden und die Versöhnung zu leben, die nur Jesus schaffen kann. Es fängt also bei denen an, die Weihnachten als ganz persönliches Weihnachten erfahren, bei denen Jesus es hell macht und bei denen er durch die Hintertür kommend aufräumt.

Weihnachten können wir ohne Begrenzungen feiern trotz der Betonmauern, die sich immer wieder dem Licht auf dieser Erde entgegen stellen. Jesus hatte das erste Wort, er wird auch das letzte Wort haben. Durch Glauben an ihn wird es hell, die Betonmauern bleiben nicht ewig, aber der Glaube behält den Sieg.

Heute darf es uns wieder ganz neu bewusst werden, dass Jesus zu dem steht, was er uns mit seinem ersten Wort schon zugesagt hat. In drei Zeugnissen der Weihnachtsgeschichte nach Lukas wird das zum Ausdruck gebracht, was auch uns heute froh macht und woran wir uns in allen Schwierigkeiten und Abgründen festhalten können:

Lukas 1,68 (Lobgesang des Zacharias): „Gelobt sei der Herr, der Gott Israels! Denn er hat besucht und erlöst sein Volk."

Lukas 2,14 (Botschaft des Engels): „Ehre sei Gott in der Höhe und Friede auf Erden bei den Menschen seines Wohlgefallens."

Lukas 2,29-32 (Lobgesang des Simeon): „Herr, nun lässt du deinen Diener in Frieden fahren, wie du gesagt hast; denn meine Augen haben deinen Heiland gesehen, den du bereitet hast vor allen Völkern, ein Licht, zu erleuchten die Heiden und zum Preis deines Volkes Israel."

2.2.2 Perfekte Weihnachten (Lukas 2,1-20)

Lukas 2,1-20

„Es begab sich aber zu der Zeit, dass ein Gebot von dem Kaiser Augustus ausging, dass alle Welt geschätzt würde. Und diese Schätzung war die allererste und geschah zurzeit, da Quirinius Statthalter in Syrien war. Und jedermann ging, dass er sich schätzen ließe, ein jeder in seine Stadt. Da machte sich auf auch Josef aus Galiläa, aus der Stadt Nazareth, in das jüdische Land zur Stadt Davids, die da heißt Bethlehem, weil er aus dem Hause und Geschlechte Davids war, damit er sich schätzen ließe mit Maria, seinem vertrauten Weibe; die war schwanger. Und als sie dort waren, kam die Zeit, dass sie gebären sollte. Und sie gebar ihren ersten Sohn und wickelte ihn in Windeln und legte ihn in eine Krippe; denn sie hatten sonst keinen Raum in der Herberge.

Und es waren Hirten in derselben Gegend auf dem Felde bei den Hürden, die hüteten des Nachts ihre Herde. Und der Engel des Herrn trat zu ihnen, und die Klarheit des Herrn leuchtete um sie; und sie fürchteten sich sehr. Und der Engel sprach zu ihnen: Fürchtet euch nicht! Siehe, ich verkündige euch große Freude, die allem Volk widerfahren wird; denn euch ist heute der Heiland geboren, welcher ist Christus, der Herr, in der Stadt Davids. Und das habt zum Zeichen: ihr werdet finden das Kind in Windeln gewickelt und in einer Krippe liegen. Und alsbald war da bei dem Engel die Menge der himmlischen Heerscharen, die lobten Gott und sprachen: Ehre sei Gott in der Höhe und Friede auf Erden bei den Menschen seines Wohlgefallens. Und als die Engel von ihnen gen Himmel fuhren, sprachen die Hirten untereinander: Lasst uns nun gehen nach Bethlehem und die Geschichte sehen, die da geschehen ist, die uns der Herr kundgetan hat. Und sie kamen eilend und fanden beide, Maria und Josef, dazu das Kind in der Krippe liegen. Als sie es aber gesehen hatten, breiteten sie das Wort aus, das zu ihnen von diesem Kinde gesagt war. Und alle, vor die es kam, wunderten sich über das, was ihnen die Hirten gesagt hatten. Maria aber behielt alle diese Worte und bewegte sie in ihrem Herzen. Und die Hirten kehrten wieder um, priesen und lobten Gott für alles, was sie gehört und gesehen hatten, wie denn zu ihnen gesagt war.“ (Luther-Übersetzung)

Was fällt Ihnen zu Weihnachten ein?

Eine Umfrage in der Vorweihnachtszeit stellte Passanten die Frage „Was fällt Ihnen zu Weihnachten ein?“

Ein Schüler: „Endlich sind alle Klassenarbeiten geschrieben und ich habe frei!“

Eine Frau: „Kommt wieder viel zu früh, habe noch längst nicht alles erledigt.“

Ein Mann: „Stress im Büro und zu Hause, sollte man abschaffen, viel zu anstrengend.“

Eine Frau: „Leider habe ich keine Familie, wäre froh, wenn es schon rum wäre."

Ein Mann: „Schöne freie Tage, ich genieße die Ruhe und freue mich auf das gute Essen."

Ein Kind: „Ich finde Weihnachten voll cool, vor allem mit vielen Geschenken und Schnee."

So unterschiedlich kann der Zugang zu Weihnachten sein. Die einen freuen sich darauf und können die Festtage kaum erwarten, andere stöhnen und sind bis zum Heiligabend völlig verbraucht und abgekämpft. Manche finden das Fest auch überflüssig, Aufwand und Nutzen stehen für sie in keinem Verhältnis.

Wie sieht für uns ein perfektes Weihnachtsfest aus?

Unbedingt dazu gehört natürlich zarter Neuschnee auf Bäumen und Dächern. Auch nicht zuviel davon, dass alle Wege zur Kirche und zu den Verwandten noch ohne Probleme bewältigt werden können. Zu Weihnachten gehören auch glückliche Kinder, die unter dem Weihnachtsbaum zufrieden spielen und keinen Streit miteinander anfangen. Überhaupt sollten sich zum Fest des Friedens alle friedlich verhalten. Auch die Verwandten sollten das wenigstens zu Weihnachten schaffen. Ein gutes Essen mit knusprigem Braten und einem erlesenen Wein gehört ebenfalls zu perfekten Weihnachten, vor allem sollte es allen schmecken. Auch an den Weihnachtsgottesdienst hat man Erwartungen. Er soll allen Altersstufen und sonstigen unterschiedlichen Charakteren gerecht werden, an Gefühle der Kindheit erinnern, ein gewisses Kribbeln hervorrufen und so richtig auf die gemütliche Feier zu Hause vorbereiten.

Leider läuft es nicht immer so

Leider gibt es kein Weihnachtsgesetz, in dem verordnet ist, dass in dieser Zeit keiner an Grippe erkrankt, jedes Oberhemd und jeder Handschuh passen und gefallen, Abflüsse nicht verstopfen, Spülmaschinen nicht den Geist aufgeben, Babys nach Plan schlafen und vergnügt erwachen und es danach zwei Wochen Erholungs-Sonderurlaub bei vollem Lohnausgleich gibt.

Auf die Träume von Weihnachten folgt häufig ein unsanftes Erwachen. Das Wetter spielt nicht mit, irgendjemand sagt etwas Unpassendes, Geschenke kommen nicht besonders gut an, die Kreditkarte mault wegen der weihnachtlichen Belastung. Manche von uns fallen in ein Weihnachtsloch, weil der Stress von einer Minute zur anderen wegfällt. Andere leiden unter Beziehungsproblemen, die auch unter der Weihnachtsdecke weiter schwelen.

Das erste Weihnachtsfest vor 2000 Jahren war alles andere als perfekt

Es gab keine mit Lichterketten geschmückten Straßen und Häuser, keine Festgelage und keine Feiertage. In jeder Hinsicht ging es unfreundlich und unweihnachtlich zu.

Eine Frau war im 9. Monat schwanger und musste sich einer langen Reise unterziehen. Sie war gezwungen, mit ihrem Mann beim Finanzamt seines Geburtsortes vorstellig zu werden. Über alle Berge weit in den Süden ging die Reise. Dort angekommen musste sie sich mit ihrem Mann in die Schlange stellen, Formulare ausfüllen, Steuern bezahlen. Als die beiden ein Quartier für die Nacht suchten, stellten sie fest, dass sämtliche Hotels und Pensionen schon ausgebucht waren. Wo sollten sie die Nacht über bleiben? Schließlich wurde ihnen ein Stall angeboten, besser als die Straße war er. In solch einer Umgebung sollte es Weihnachten werden. Als erste Gäste des Weihnachtskindes stellten sich Ochs und Esel an die Krippe. Die Bewohner Bethlehems ignorierten den Neubürger. Sie lebten ihren Alltagstrott weiter, als wäre nichts geschehen.

Und doch waren es perfekte Weihnachten

Die Hirten auf dem Feld wurden durch Jesus überrascht. Sie waren bis zu diesem Zeitpunkt immer auf der Verliererseite gewesen. Keiner wollte etwas mit Hirten zu tun haben. Aber für sie sang der Himmelschor die Weihnachtsbotschaft.

Fürchtet euch nicht! Sie waren wohl abgebrühte Männer, die sich so schnell vor nichts und niemandem fürchteten. Doch als Gottes Licht und Gegenwart sie umgab, sahen sie den Schatten und die Dunkelheit in ihrem Leben. Angst vor Gott war ihre natürliche Reaktion. Der Engel half ihnen aus dieser Angst heraus. Sie brauchten sich vor Gott nicht zu fürchten. Der Retter war geboren. Er gab ihnen die Chance, neu zu beginnen und Licht in ihre dunkelsten Ecken scheinen zu lassen. Sie hörten von Frieden, den Gott mit ihnen schließen wollte, und sie spürten, dass dieser Friede Auswirkungen auf ihr Leben hatte. Ihnen wurde eine Perspektive für die Zukunft vor Augen gemalt. Friede mit Gott und Friede mit den Mitmenschen, dazu wollte ihnen der neugeborene Retter verhelfen. Sie ließen sich ein auf dieses Angebot und gingen zum Stall.

Ein perfektes Weihnachtsfest kann heute beginnen

Sind wir so viel anders als die Hirten damals? Sicher, nicht jeder gehört zu den Unterprivilegierten, nicht jede lebt von der Hand in den Mund und wird von anderen gemieden. Den meisten von uns geht es äußerlich prima.

Aber wie die Hirten auf dem Feld brauchen wir das Licht Gottes, das unsere dunklen Ecken ausleuchtet. Da ist Schuld, die uns drückt, eine Lüge, ein hartes Wort, Gedanken, die zu Unfrieden führen. Da sind Ängste vor der Zukunft, der Arbeitsplatz wackelt, die Schulden drücken, die Beziehung kriselt. Nein, in diese Abgründe lassen wir keinen gucken. Aber allein werden wir damit auch nicht fertig. Wir können uns selbst nicht vergeben, geschweige denn andere dazu bringen, uns zu verzeihen. Wir können uns auch nicht an den eigenen Haaren aus dem Sumpf ziehen.

Da leuchtet die Weihnachtsbotschaft auf und ruft uns zu: Fürchte dich nicht und verstecke dich nicht vor Gott. Er will dich nicht abstrafen. Er will dich retten und dich zu einem Weihnachtsmenschen machen. Er möchte Frieden mit dir schließen und dir seine Kraft anbieten. Du kannst ihm deine Schuld und dein Versagen geben, er schultert es und vergibt es. Du kannst deine Ängste und deinen Frust bei ihm loswerden, er will dich wieder gewiss und sicher machen. Er zeigt dir einen neuen Anfang im Stall von Bethlehem.

Aber gehen wir dann auch los, und setzen wir uns Jesus aus? Ich bewundere die Hirten, dass die wirklich losgegangen sind. Das ist ein schwerer Schritt, aus dem Gewohnten aufzubrechen und es zu wagen, dem Retter nahe zu kommen. Denn an der Krippe im Stall geschieht Entscheidendes. Die Verhaltensforscher nennen es heute "Bonding", eine lebenslange intensive Verbindung zwischen dem Neugeborenen und uns kann entstehen. Jesus wird immer mehr Raum in uns einnehmen. Er wird uns verändern, uns aus unserer Ichbezogenheit retten und uns dahin führen, ihm die erste Stelle im Leben einzuräumen und uns ihm hinzugeben.

Ein perfektes Weihnachten, das heißt für mich:

Gott ist in Jesus da. Er ist meine Rettung. Er befreit mich von Angst, Sorge und Schuld und schenkt mir inneren Frieden. Dieser Friede setzt sich fort in meinen zwischenmenschlichen Beziehungen, sie werden vom Weihnachtslicht durchdrungen.

Ich möchte mit Jesus Zeit verbringen, singen, ihn loben und ihm danken, wie es die Hirten an der Krippe taten. Durch die Begegnung mit Jesus wurden sie zu Weihnachtsboten, die Gott lobten, ihm dankten und aller Welt von ihren Erlebnissen berichteten.

So will ich durch die Begegnung mit Jesus zu einer Weihnachtsbotin werden, die Gott lobt und ihm dankt mit meinem ganzen Leben. Von ihm will ich den Menschen erzählen, die ich in diesen Tagen treffe. Da ist es dann wirklich egal, ob es schneit oder regnet, die Geschenke passen oder die Weihnachtsgans allen schmeckt. Christ der Retter ist da, das macht Weihnachten perfekt!

2.3 Gekreuzigt und gestorben

2.3.1 Sehen, was geschah (Lukas 23,33-49)

Lukas 23,33-49

„Und als sie kamen an die Stätte, die da heißt Schädelstätte, kreuzigten sie ihn dort und die Übeltäter mit ihm, einen zur Rechten und einen zur Linken. Jesus aber sprach: Vater, vergib ihnen; denn sie wissen nicht, was sie tun! Und sie verteilten seine Kleider und warfen das Los darum. Und das Volk stand da und sah zu. Aber die Oberen spotteten und sprachen: Er hat andern geholfen; er helfe sich selber, ist er der Christus, der Auserwählte Gottes. Es verspotteten ihn auch die Soldaten, traten herzu und brachten ihm Essig und sprachen: Bist du der Juden König, so hilf dir selber! Es war aber über ihm auch eine Aufschrift: Dies ist der Juden König. Aber einer der Übeltäter, die am Kreuz hingen, lästerte ihn und sprach: Bist du nicht der Christus? Hilf dir selbst und uns! Da wies ihn der andere zurecht und sprach: Und du fürchtest dich auch nicht vor Gott, der du doch in gleicher Verdammnis bist? Wir sind es zwar mit Recht, denn wir empfangen, was unsre Taten verdienen; dieser aber hat nichts Unrechtes getan. Und er sprach: Jesus, gedenke an mich, wenn du in dein Reich kommst! Und Jesus sprach zu ihm: Wahrlich, ich sage dir: Heute wirst du mit mir im Paradies sein. Und es war schon um die sechste Stunde, und es kam eine Finsternis über das ganze Land bis zur neunten Stunde, und die Sonne verlor ihren Schein, und der Vorhang des Tempels riss mitten entzwei. Und Jesus rief laut: Vater, ich befehle meinen Geist in deine Hände! Und als er das gesagt hatte, verschied er. Als aber der Hauptmann sah, was da geschah, pries er Gott und sprach: Fürwahr, dieser ist ein frommer Mensch gewesen! Und als alles Volk, das dabei war und zuschaute, sah, was da geschah, schlugen sie sich an ihre Brust und kehrten wieder um. Es standen aber alle seine Bekannten von ferne, auch die Frauen, die ihm aus Galiläa nachgefolgt waren, und sahen das alles.“ (Luther-Übersetzung)

Alle vier Evangelien berichten vom Tod Jesu, jedoch aus unterschiedlicher Perspektive. Der Evangelist Lukas gibt dem Bericht die Überschrift „Vergebung“. Jesu Tod bedeutet Vergebung Gottes und macht den Weg zu einer neuen Gemeinschaft von Gott und Menschen frei.

Jesus in der Mitte

„Vater, vergib ihnen, denn sie wissen nicht, was sie tun!“ Diese Bitte formuliert Jesus zu Beginn der Kreuzigungsszene. Er spricht Gott als Vater an und macht dadurch deutlich, dass er ganz und gar auf Gottes Seite steht und als Gottes Sohn handelt. Was ihm hier widerfährt, widerfährt Gott selbst. Der Schmerz, den er aushalten muss, ist Gottes Schmerz. Wissen Jesu Peiniger nicht, was sie tun? Sehr wohl werden sie sich im Klaren darüber sein, dass sie einen Aufrührer kreuzigen, der die öffentliche Ordnung gefährdet. Doch sie wissen nicht, dass sie mit Jesus Gott kreuzigen, sich an ihrem Schöpfer vergreifen und ihre Macht missbrauchen. So bittet Jesus für die um Vergebung, die blind dafür sind. Er bittet Gott, dass er sie nicht zur Rechenschaft zieht, sondern ihnen die vielleicht letzte Chance zur Umkehr schenkt. Er bittet Gott um offene Arme für die Menschen, die ihm das Leben nehmen, um Liebe für die Sünder und einen österlichen Neuanfang. Jesu Bitte überstrahlt die ganze Kreuzigungsszene und eröffnet das Verständnis für das Kreuz. Durch Jesu Tod ist selbst die Sünde seiner Henker gesühnt. Für den, der Jesus vertraut, ist Neuanfang möglich.

Vier Personengruppen am Kreuz

Lukas erwähnt als erstes das Volk. Es steht da und sieht zu. Man hört keine Anfeuerungsrufe oder Protestschreie. Sie sind einfach interessiert, abwartend und neugierig dabei. Aber sie spotten nicht. Sie kommen mir vor wie moderne Zeitungsleser, die mit großem Eifer die Skandale verfolgen, dabei durchaus Verständnis für alle beteiligten Seiten haben, aber selbst davon nicht berührt werden. Sie regen sich eine Weile auf, bis ein neuer Skandal ihre Aufmerksamkeit fesselt.

Dann sind da die Oberen, einflussreiche Politiker und Hüter der Ordnung. Sie kennen Jesus besser. Sie haben ihn genau beobachtet. Er hat anderen Menschen geholfen. Nun wollen sie sehen, wie er sich selbst hilft. Nach dieser Beweisführung, so scheint es, würden sie ihn eindeutiger zuordnen können. Mit ihrer Beobachtung liegen sie genau richtig. Jesus ist gekommen, um Menschen zu retten. Dabei setzt er sein eigenes Leben ein. Den Menschen kann er nur helfen mit Einsatz des eigenen Lebens. Ihre Interpretation lebt allerdings von dem Vorverständnis, nichts ändern zu müssen und alles beim Alten zu lassen. Deshalb trägt ihre Beobachtung nichts aus. Erst die nachösterliche Gemeinde erkennt die Wahrheit in ihren Aussagen und staunt, dass sie selbst nichts begriffen haben.

Die Soldaten stimmen in den Spott ein. Ihnen ist es egal, ob Jesus irgendwem geholfen hat. Sie tun ihre Pflicht und interessieren sich als Römer nicht sonderlich für jüdische Angelegenheiten. Für sie ist ein König ein Machthaber. Sie können nicht verstehen, wie Jesu Ohnmacht zu einem König passen soll.

Neben Jesus hängen zwei Mitgekreuzigte. Der eine lehnt Jesus rigoros ab. Ein sterbender Gottessohn hat keine Bedeutung für ihn. Er macht sich offensichtlich auch keine Gedanken über Gott oder ein Jenseits. Für ihn gibt es nur eine Möglichkeit der Rettung, dass man ihn vom Kreuz abnimmt, und er sein Leben fortsetzen kann.

Die vier Menschentypen repräsentieren eine breit gestreute Ablehnung Jesu. Die unentschiedenen Mitläufer, die Gelehrten, die Vollstrecker, der Mitgekreuzigte, sie alle scheinen Jesus nur als interessantes Objekt zu betrachten, das ihnen nichts nutzt und deshalb sterben kann.

Versöhnung konkret

Erst der zweite Mitgekreuzigte öffnet sich für Jesus. Er ist die erste Antwort Gottes auf Jesu Bitte „Vater, vergib ihnen". Er reagiert auf Gottes geöffnete Arme, die ihn herbeisehnen. Zuerst wird ihm seine eigene Situation bewusst. Er steht vor dem Tod, der ihn als gerechte Abrechnung für sein Leben trifft. Auf diesem unausweichlichen Weg sieht er auf Jesus. Ihm wird bewusst, dass Jesus den gleichen Weg geht, ohne für Schuld büßen zu müssen. Er erkennt in Jesus Gott selbst, der sich in die ganze Tiefe des Todes hineinbegibt, um ihm die Macht der Vernichtung zu nehmen. Und folgerichtig hängt sich dieser Mann an Jesus. Wenn Gott mit Jesus dem Tod die Macht nimmt, dann wird der, der an Jesus hängt, mit Jesus ins neue Leben kommen. Dann wird der übelste Verbrecher durch Jesus frei von seinen Verbrechen und darf Gott entgegengehen.

Diese drei Phasen, die der Verbrecher am Kreuz durchlebt, sind grundlegend für die Rettung. Die Augen werden geöffnet für die eigene Situation: Nein, man kann sich nichts vormachen, man hat das Leben nicht in der Hand, man kann manche Fehler nicht wieder gut machen, man kann die Himmelstür nicht von außen aufreißen. Der Blick auf Jesus lässt Hoffnung schöpfen. Gott selbst hat sich in diese Not hineinbegeben. Und dieser Jesus ist die einzige Rettung. Sich an ihn zu klammern, lässt das Ziel erreichen: „Noch heute wirst du mit mir im Paradies sein." Jesus hat keine Wartelisten für zu Rettende. Wer sich an ihn klammert, wird heute mit ihm unzertrennlich leben – hier und in Ewigkeit.

Der Tod Jesu

Eine große Finsternis begleitet das Sterben Jesu, der Tempelvorhang zerreißt in der Mitte. Die alte Schöpfung ist beendet. Der Tod ist entmachtet. Der Tempel ist nicht länger Wohnort Gottes. Der ist nun da zu finden, wo Menschen sich an Jesus klammern. Jesus ruft den Vater mitten im Sterben an. Er vertraut sich dem Vater an, wo er selbst die Kontrolle über sein Leben abgeben muss. Der Sohn ist im Tod in der väterlichen Hand Gottes geborgen, der ihn nicht verlässt, auch wenn sich Jesus in die letzte tiefste Einsamkeit des Todes begeben muss. Auch dort ist Gottes Hand unter ihm. Und in dieser Hand Gottes ist nicht nur Jesus, sondern auch der Mitgekreuzigte, der an seinem Hals hängt. Er ist der erste Christ, der in die Ewigkeit mit Jesus eingehen wird. Der Verbrecher, für den Jesus gestorben ist, ist Symbol dafür, dass alle Menschen von Gottes Hand erwartet werden.

In Jesu Tod kann ich Gottes Liebe zu mir erkennen. Nicht nur, dass Gott mich retten will aus dem Tod, er schickt mir seinen eigenen Sohn voraus und entgegen, der mich mitnimmt und mich der Einsamkeit des Todes entreißt zu einem Leben in neuer Gemeinschaft mit Gott.

Das Leben hier hat keine letzte Gültigkeit mehr, es muss hier nicht alles aufgehen, nicht jede offene Rechnung beglichen werden. Es gelten nicht die Regeln des Monopoly-Spiels: Wer die meisten Straßen hat, hat gewonnen, sondern wer die Karte „Du bist aus dem Gefängnis frei“ hat, der ist Gewinner, egal wie viele Straßen er hat oder nicht hat.

Die Auswirkungen

Der Mitgekreuzigte wird bei Jesus bleiben. Er ist nun für immer mit Jesus verbunden. Ihm hat Gott vergeben, und Jesu Bitte ist erfüllt.

Der römische Hauptmann ist von einem Zuschauer zum Bekenner geworden. Er sah, was geschah und lobt Gott. Auch ihm hat Gott vergeben und ihm die offenen Augen für Jesus geschenkt.

Das Volk bleibt nicht länger in der Zuschauerrolle. Es wird von Jesus getroffen wie der Mitgekreuzigte, schlägt sich an die Brust und kehrt um. Dieses Volk ist vielleicht auch Wochen später am Pfingstwunder beteiligt, als 3000 auf einmal in Jerusalem zum Glauben kommen werden.

Auch die Bekannten und Frauen sahen, was geschah. Sie folgen Jesus, zuerst zum Grab, später am Ostermorgen seinem Auftrag, seine Auferstehung bekannt zu machen. Sie klammern sich auch an Jesus auf dem abenteuerlichen Weg der Nachfolge.

Und die Oberen? Um sie bleibt es im lukanischen Bericht merkwürdig still. Jedoch, Josef von Arimatäa gehört zum Hohen Rat und stellt Jesus sein Grab zur Verfügung. Ist nicht selbst unter den blinden Analysten ein Hoffnungsschimmer auszumachen, dass es Einzelne gibt, die sich von Jesus berühren und bis ins Herz treffen lassen?

Und wie ist es mit mir und Ihnen? Wenn wir heute sehen, was damals geschah? Bleiben wir Zaungäste, analysieren wir fleißig mit, lehnen wir empört ab oder lassen wir uns von Gottes offenen Armen aus der Reserve locken? Was haben wir denn zu verlieren? Und ist es nicht das Allergrößte, dass Jesus uns mit seinem Tod anbietet, dass wir auf keinem Wegabschnitt mehr allein gehen müssen, weil er dabei ist und uns festhält?

Noch heute – schieben wir den Blick auf Jesus nicht auf – noch heute will er uns retten.

2.3.2 Herausgerufen vom Kreuz (Johannes 19,16-30)

„Pilatus schrieb eine Aufschrift und setzte sie auf das Kreuz; und es war geschrieben: „Jesus von Nazareth, der König der Juden." (Johannes 19,16, Luther Übersetzung)

Diese Überschrift über dem sterbenden Jesus rief alle Feinde Jesu auf den Plan. Sie mussten sich von diesen wenigen Worten auf ganz verschiedene Weise provoziert fühlen. Sie konnten dem Tod Jesu nicht von einem distanzierten Platz aus zusehen. Sie wurden von Gott selbst herausgerufen, um Stellung zu beziehen und ihr Ärgernis an Jesus noch einmal zum Ausdruck zu bringen.

Die frommen Juden hatten ein Problem mit dem galiläischen Heimatort Jesu. Was sollte aus Nazareth Gutes kommen? War nicht alles Heil von Jerusalem aus zu erwarten? Und prophezeite nicht der Prophet Micha, dass der kommende König aus Bethlehem kommen würde?

Die Hohenpriester und die religiöse und politische Oberschicht der Juden sahen sich von diesem Judenkönig in ihrer Existenz bedroht.

Jesus-Gläubige zu allen Zeiten wollten nicht wahrhaben, dass Jesus von seinem himmlischen Vater zu den Juden gesandt war.

Die Zeitgenossen, die aus Jesus eine mythische Gestalt machen wollten, ärgerten sich über seinen wirklichen Tod mit Fleisch und Blut.

Menschen lehnen ab, dass Jesus einen Herrschaftsanspruch und Vollmacht von Gott bekommen hatte.

Menschen wurden und werden durch das Kreuz auf Golgatha herausgerufen aus alten Sicherheiten, alten Gewohnheiten, Denkmustern und Urteilen. Wir werden herausgerufen, Stellung zu diesem Kreuz zu beziehen, uns einzureihen in die Szene auf Golgatha und hinzuhören, wozu Jesus, der Gekreuzigte, uns heute rufen will.

Johannes 19,16-30

„Da überantwortete er ihnen Jesus, dass er gekreuzigt würde. Sie nahmen ihn aber, und er trug sein Kreuz und ging hinaus zur Stätte, die da heißt Schädelstätte, auf hebräisch Golgatha. Dort kreuzigten sie ihn und mit ihm zwei andere zu beiden Seiten, Jesus aber in der Mitte. Pilatus aber schrieb eine Aufschrift und setzte sie auf das Kreuz; und es war geschrieben: Jesus von Nazareth, der König der Juden. Diese Aufschrift lasen viele Juden, denn die Stätte, wo Jesus gekreuzigt wurde, war nahe bei der Stadt. Und es war geschrieben in hebräischer, lateinischer und griechischer Sprache. Da sprachen die Hohenpriester der Juden zu Pilatus: Schreib nicht: Der König der Juden, sondern, dass er gesagt hat: Ich bin der König der Juden. Pilatus antwortete: Was ich geschrieben habe, das habe ich geschrieben. Als aber die Soldaten Jesus gekreuzigt hatten, nahmen sie seine Kleider und machten vier Teile, für jeden Soldaten einen Teil, dazu auch das Gewand. Das war aber ungenäht, von oben an gewebt in einem Stück. Da sprachen sie untereinander: Lasst uns das nicht zerteilen, sondern darum losen, wem es gehören soll. So sollte die Schrift erfüllt werden, die sagt (Psalm 22,19): „Sie haben meine Kleider unter sich geteilt und haben über mein Gewand das Los geworfen.“ Das taten die Soldaten. Es standen aber bei dem Kreuz Jesu seine Mutter und seiner Mutter Schwester, Maria, die Frau des Klopas, und Maria von Magdala. Als nun Jesus seine Mutter sah und bei ihr den Jünger, den er lieb hatte, spricht er zu seiner Mutter: Frau, siehe, das ist dein Sohn! Danach spricht er zu dem Jünger: Siehe, das ist deine Mutter! Und von der Stunde an nahm sie der Jünger zu sich. Danach, als Jesus wusste, dass schon alles vollbracht war, spricht er, damit die Schrift erfüllt würde: Mich dürstet. Da stand ein Gefäß voll Essig. Sie aber füllten einen Schwamm mit Essig und steckten ihn auf ein Ysoprohr und hielten es ihm an den Mund. Als nun Jesus den Essig genommen hatte, sprach er: Es ist vollbracht! und neigte das Haupt und verschied.“ (Luther-Übersetzung)

In diesem Bericht des Evangelisten Johannes fallen vier Besonderheiten auf.

Jesus trägt allein

Jesus trägt sein Kreuz allein nach Golgatha. Er ist der souveräne Herr, der sein Kreuz für uns stellvertretend trägt. Jesus wird vom Evangelisten nicht in seiner schwachen menschlichen Gestalt gezeichnet, sondern als der Retter, der von Gott die Kraft bekommt, unser Kreuz, unser Leiden, unsere Schuld und Not zu tragen. Erinnert werde ich an ein Bild aus meinem Religionsunterricht, auf dem Jesus als Kreuzträger abgebildet ist, der auf dem Längsbalken einen Pfarrer, ein liebendes Pärchen und einen Gelehrten, der einen Text studiert, mitschleppt. Jesus geht ans Kreuz für uns. Auf diesem Kreuz ist Platz für mich. Lasse ich mich von Jesus herausrufen aus meiner sicheren Distanz? Lasse ich mich von ihm tragen, dass mein Leben durch das Kreuz neu wird?

Jesus sorgt für die, die sich tragen lassen

Zwei Personen erwähnt der Evangelist, die sich offensichtlich bis zum Gekreuzigten mittragen lassen. Jesu Mutter Maria und der Lieblingsjünger Jesu, dessen Name der Evangelist nicht verrät, stehen am aufgerichteten Kreuz unter dem sterbenden Jesus. Sie sind entgegen den Berichten der anderen Evangelien ganz nah dran am Geschehen. Sie lassen sich von Jesus aus der sicheren Distanz herausrufen, um von ihm ein befreiendes, zukunftsweisendes Wort zu hören. Jesus hatte Geschwister, er war nicht der einzige Sohn seiner Mutter. Man kann davon ausgehen, dass die anderen Geschwister sich schon um Maria gekümmert hätten. Schließlich war sie die sonderbaren eigenwilligen Wege ihres Ältesten ja schon mindestens 3 Jahre lang gewöhnt. Es geht Jesus bei seiner Adoptionsvermittlung offensichtlich nicht um die wirtschaftliche Absicherung Marias. Er hat ihre geistliche Zukunft im Blick. Er gliedert sie in die Familie Gottes ein und trägt dem Lieblingsjünger auf, sich ihrer anzunehmen, sie in die neu entstehende österliche und pfingstliche Gemeinschaft aufzunehmen.

Wer sich von Jesus herausrufen lässt - auch heute auf seinem Kreuzbalken Platz nimmt und sich unter sein Kreuz begibt - wird von Jesus nicht allein gelassen. Er oder sie wird herausgerufen aus alten Bindungen, aus krankmachenden Beziehungen oder zerstörender Einsamkeit, um in der neuen Familie Gottes einen Platz zu finden. Karfreitag deutet an, dass der Tod Bindungen zerreißt, aber nicht zerrissen zurücklässt, sondern neue Bindungen schafft, die bis in die Ewigkeit reichen.

Jesus hat Durst

Auf dem Tiefpunkt der Erniedrigung schreit der Gottessohn „Mich dürstet!“ Spätestens hier müssen wir begreifen, dass Gott sich in die tiefste Dunkelheit unserer Existenz hinab begibt. Jesus, der von sich sagte: „Ich habe lebendiges Wasser, das dich nie mehr durstig werden lässt“, der sich als Brot bezeichnet, das nie mehr hungrig sein lässt, hat selbst Durst, wird bedürftig wie wir, nimmt teil an dem Elend, sich nicht selbst retten zu können.

Wie bringen wir diese Bedürftigkeit mit der Allmacht Gottes zusammen? Der Islam findet genau hier die deutlichste Abgrenzung zu Jesus Christus. Ein Gott, der allmächtig ist, kann nicht ohnmächtig sein und sterben. Das, so der Koran, widerspricht seiner Allmacht (Sure 4). Aber wird nicht durch diese Festlegung die Allmacht, Gottes Macht, gerade eingeschränkt? Bedeutet Macht nur zu siegen und größer, kräftiger, mächtiger zu sein als alles andere?

Ist Gottes Macht gerade dadurch umfassend, dass er auf sie verzichten kann? Dass er im entscheidenden Augenblick mit uns Menschen eins wird, um uns aus dem Durst zu erlösen? Jesus hat Durst. Er hat meinen Durst. Den Durst nach Vergebung, den Durst nach Annahme, den Durst nach Lebenssinn und tragfähigen Beziehungen, den Durst nach Sicherheit in einer unsicheren Welt. Jesus leidet an meinem Durst nach Gott. Und deshalb weiß er, wie ich fühle und was ich brauche, ist mir nahe in den schwersten Stunden und steht mir bei. Deshalb kann ich beten: „Ich trau auf dich, o Herr“, weil dieser Herr meinen Durst selbst erlebt hat und dafür gestorben ist. Gott schwebt nicht über meiner Not, er kommt in meine Not, er wird zum Retter, weil er sich meiner Not annimmt und sie selbst mitnimmt in seinen Tod.

Einer für alle

Die letzten drei Worte, die der Evangelist überlieferte, zeugen davon, dass Jesus seine Mission auf Erden beendet hat: „Es ist vollbracht!“ Er hat das Opfer gebracht, dass zur Entsühnung aller führt, niemand muss mehr selbst dieses Opfer bringen. Ein Ja zu dem Opfer des Gottessohnes genügt, um es für sich wahr sein zu lassen. Diese Botschaft ist revolutionär.

Schade, dass wir sie als Christen oft so gewohnheitsmäßig hinnehmen. Jesus ist für uns gestorben, sodass unsere Sünden ein für allemal vergeben sind. Sie hängen nicht mehr an uns wie ein Kettenhemd, aus dem wir uns nicht selbst befreien können. Ein einfaches Ja zerreißt unser persönliches Kettenhemd und lässt uns wieder frei sein, unbeschwert und glücklich.

Stellen wir uns vor: eine Krebsstation. Jeder einzelne Patient, jede Patientin dieser Station muss ganz allein durch ihre Krankheit hindurch. Es gibt keine Stellvertreterlisten. Und plötzlich käme eine neue Forschungsidee auf, dass ein einziger nur die Chemotherapie, die Operation und alles weitere Behandeln durchmachen müsste, alle anderen dieser Station könnten von der Krankheit befreit werden durch Unterschrift und lebenslange Verpflichtung, mit diesem Einen regelmäßig in Kontakt zu bleiben. Und das Beste daran: Dieser Eine ist schon gefunden. Er hat sich freiwillig bereit erklärt, die Last der anderen zu tragen. Würden sich die Patienten nicht völlig begeistert in die Listen eintragen? Würden sie nicht vor Freude jubeln, dass sie noch am selben Tag das Krankenhaus geheilt verlassen können? Würde einer seinem Leidensweg nachtrauern? (Klammern wir mal aus, dass unsere menschliche Vergesslichkeit ein Problem wäre der regelmäßige Kontakt eine schwierige Bedingung darstellen würde.)

Und hier hat Jesus nicht eine Krankheit besiegt, der weitere folgen können, sondern er hat unsere Schuld besiegt, alles, was uns von Gott fernhält. Wir müssen nicht mehr selbst dafür ans Kreuz, Jesus hat diese Schuld besiegt und mit sich in den Tod genommen. Wir dürfen geheilt nach Hause gehen, Gott gibt uns Leben in Ewigkeit, eine Unterschrift genügt! Jesus sagte „Es ist vollbracht“, vollendet wird sein Weg, wenn er wiederkommt am Ende der Zeiten und die um sich sammelt, die ihre Unterschrift geleistet haben. Darauf dürfen wir hoffen und uns darauf freuen.

Der Seher Johannes sah in der Offenbarung den Thronsaal Gottes vor sich. Er sah das Buch der Weltgeschichte, das der ganze Hofstaat nicht öffnen konnte. Da kam das Lamm, das sich hat opfern lassen am Kreuz, und brach die Siegel auf. Jesus hat die Weltgeschichte in seiner Hand, wer zu ihm gehört, wird leben in Ewigkeit, weil er in diesem Buch mit seiner Unterschrift verzeichnet ist.

Der Seher Johannes schrieb auf Patmos: „Und als ich Jesus sah, fiel ich zu seinen Füßen wie tot; und er legte seine rechte Hand auf mich und sprach zu mir: Fürchte dich nicht! Ich bin der Erste und der Letzte und der Lebendige. Ich war tot, und siehe, ich bin lebendig von Ewigkeit zu Ewigkeit und habe die Schlüssel des Todes und der Hölle.“ (Offenbarung 1,17-18)

2.4 Am dritten Tag auferstanden

2.4.1 Der Weg ist frei (Markus 16,1-8)

Ein Trupp Bergarbeiter ist gerade unter Tage, als es eine große Erschütterung gibt. Der Rückweg wird den Bergmännern durch eine Geröllawine abgeschnitten. Sie sitzen fest. Zu dem Geröll tritt noch Wasser in den Gang ein, die Luft wird immer knapper, ihre Lage zunehmend verzweifelter. Den baldigen Tod haben diese Leute tief in der Erde deutlich vor Augen.

Geht es uns so anders? Sicher, unser Leben spielt sich meist oberirdisch ab, wir kriechen nicht durch dunkle Gänge. Doch manche Wege unseres Lebens kommen uns durchaus vor wie die Gänge eines Bergwerks. Und was uns auf jeden Fall mit den Bergleuten eint, ist die Erfahrung, dass irgendwann die Luft knapp wird und die endgültige Todesstunde deutlich näher rückt. Da werden manchmal plötzlich, manchmal auch mit langer Ankündigung Wege zugeschüttet, die eigentlich in die Zukunft führen sollten. Wir stecken fest und sehen keinen Ausweg mehr. Niemand wird uns befreien können.

Jesus hatte viele Menschen aus scheinbar unüberwindbaren Geröllhaufen gerettet. Er hatte von Gott die Kraft bekommen, selbst den endgültigen Tod zu durchbrechen und einzelne Menschen zurück ins Leben zu führen. Jesus kapitulierte vor keiner Grenze. Er rettete und führte ins Leben, wo menschliche Macht am Ende war. Doch seit Karfreitag hatte sich die Lage verändert. Nun war Jesus selbst ein Gefangener im Bergwerk, der elend sterben musste, weil niemand ihn aus dem Tod rettete. Jesus lag in der dunklen Höhle, alle Kraft Gottes hatte ihn offensichtlich verlassen. Und der Stein vor der Grabhöhle symbolisierte die Endgültigkeit. Dieser Stein ließ sich nicht einfach wegschieben. Er trennte den Toten vom Leben.

Markus 16,1-3

„Als der Sabbat vergangen war, kauften Maria von Magdala und Maria, die Mutter des Jakobus, und Salome wohlriechende Öle, um hinzugehen und ihn zu salben. Und sie kamen zum Grab am ersten Tag der Woche, sehr früh, als die Sonne aufging. Und sie sprachen untereinander: Wer wälzt uns den Stein von des Grabes Tür?“ (Luther-Übersetzung)

Die Frauen machten sich auf zum Grab. Sie wollten den Toten salben, ihre Erinnerung an ihn festhalten. Jetzt war es nicht mehr Jesus, der die Steine von den Gräbern wälzte und die Leute zurück ins Leben führte, jetzt sorgten sie sich um den Stein zwischen Leben und Tod. Sie hatten dabei nicht die Erwartung, dass sie den Toten ins Leben führten. Im Gegenteil, mit dem toten Jesus war auch ihre Lebensperspektive gestorben. Sie konnten sich eigentlich gleich mit zu Jesus ins Grab legen.

Am ersten Tag der Woche traten die Frauen auf das Grab zu und wurden Zeugen einer neuen Schöpfung. War mit dem vergangenen Sabbat buchstäblich die alte Schöpfung abgeschlossen, so begann nun etwas Neues, das die ganze Welt umkrempeln sollte:

Markus 16,4-7

„Und die Frauen sahen hin und wurden gewahr, dass der Stein weggewälzt war; denn er war sehr groß. Und sie gingen hinein in das Grab und sahen einen Jüngling zur rechten Hand sitzen, der hatte ein langes weißes Gewand an, und sie entsetzten sich. Er aber sprach zu ihnen: Entsetzt euch nicht! Ihr sucht Jesus von Nazareth, den Gekreuzigten. Er ist auferstanden, er ist nicht hier. Siehe da die Stätte, wo sie ihn hinlegten. Geht aber hin und sagt seinen Jüngern und Petrus, dass er vor euch hingehen wird nach Galiläa; dort werdet ihr ihn sehen, wie er euch gesagt hat."

Die Frauen sahen: Der Stein war weggewälzt. Jesus war nicht mehr im Grab. In der Höhle saß ein Bote Gottes in weißem Kleid auf der rechten, der Heil verkündenden Seite. Die Frauen hörten die Botschaft des Engels. Jesus wurde von Gott auferweckt. Wie Jesus zu Lebzeiten die Steine aus den Bergwerksgängen fortgeschafft hatte und die eingesperrten Menschen ins Leben führte, so hat Gott für seinen Sohn Jesus das Grab von innen aufgesprengt. Der Stein war nicht weggewälzt, um den Frauen den Eintritt zu erleichtern, sondern um die Macht des Todes zu brechen und Jesus ins Leben zurückzurufen.

Die Frauen sahen und hörten, dass Jesus lebt, sie wurden beauftragt, den Jüngern die umwälzende Nachricht zu bringen und mit ihnen Jesus nach Galiläa zu folgen, der ihnen dort als der Auferstandene begegnen wollte.

Diese Engelbotschaft hat Bedeutung für uns heute.

Vom leeren Grab

Jesus hat den Tod endgültig besiegt. Als der Auferstandene ist er aus dem Tod auferstanden, um sich unserer eingestürzten Bergwerksstollen anzunehmen. Er hat die Kraft, die Barriere des Todes zu durchbrechen und uns ins Leben zu rufen. Er hat deshalb auch die Kraft, unsere vielen kleinen

Barrieren zu durchbrechen, hinter denen wir uns schon fast tot fühlen, unsere schwierige Lebenssituation, unsere ausweglose Beziehung, unsere Kraftlosigkeit im Alltag und unsere Hoffnungslosigkeit. Weil er lebt und dieses Leben uns schenken will, gibt es kein Aus mehr für uns. Selbst im Tod werden wir an Jesu Hand ins Leben bei Gott geführt, so hat es uns Jesus versprochen.

Sich aufmachen

Wer von Jesus gerettet werden will, sollte ihn retten lassen. Die Frauen werden aufgefordert, nach Galiläa zu gehen. Sie müssen nicht allein reisen, denn Jesus wird sie führen. Sie werden Jesus unterwegs nicht sehen, so sagt es der Engel voraus, erst am Ziel wird Jesus sich ihnen offenbaren. Ich möchte, dass Jesus mich aus meinem Bergwerkstollen rettet, doch ich merke, wie ich es am liebsten gleich und sofort hätte, ohne Umwege nach Galiläa. Ich weiß aber auch aus Erfahrung, dass Jesus von mir erwartet, mich in seine Richtung aufzumachen, mich seiner Führung anzuvertrauen, auch wenn ich noch nicht gleich das Ergebnis kenne. Die Frauen sollten die Jünger bewegen mitzukommen. Ich empfinde das als große Hilfestellung. Da sollen sich die drei Frauen nicht allein auf den Weg ins Unbekannte machen. Sie werden ermutigt, als kleine Gemeinde der Jesusnachfolger die Reise anzutreten. Sie können einander unterstützen, ermutigen, helfen. So bin ich dankbar, dass mein Weg des Glaubens und der Nachfolge kein Soloweg ist, sondern dass Menschen mich begleiten, die mir helfen, die Orientierung auf Jesus nicht zu verlieren, das Ziel nicht aus den Augen zu verlieren.

Nach Galiläa

Galiläa war die Gegend, in der Jesus hauptsächlich wirkte. Die Frauen und Jünger sollten an den Ort Jesu zurückkehren, wo er durch Wort und Tat lehrte, was Gottes Wille für ihr Leben war. Wenn wir uns retten lassen wollen, werden wir ebenfalls aufgefordert, dieses „Galiläa“ aufzusuchen. Es bedeutet für uns, Jesus zu studieren, die Bibel zu lesen, die Geschichten dort nicht nur intellektuell zu erfassen, sondern sie mit dem eigenen Leben zu ergreifen, uns selbst in ihnen wieder zu finden. Jesus, der Retter aus dem sicheren Tod, ist keine Idee, keine Formel, keine Tablette, sondern Gott, der sich in seinem Sohn mit unserem Leben verbinden will. Das geschieht wie in einer guten Beziehung, ich muss meinen Partner erst kennen lernen, um mich hundertprozentig auf ihn zu verlassen.

Zur Berufung

Galiläa steht aber auch für Berufung. Die Jünger wurden in Galiläa berufen. Direkt von ihren Fischerbooten weg folgten sie Jesus (Markus 1,16-20). In Galiäa werden die Jüngerinnen und Jünger zum zweiten Mal berufen. Sie werden zu denen geschickt, die Jesus noch nicht kennen. Sie werden

Menschen und Völkern verkünden, dass auch die größten Einbrüche in Bergwerksstollen des Lebens nicht mehr den sicheren Tod bedeuten, weil Jesus die Brocken sprengt und ins Leben mit Gott ruft (Markus 13,10).

Wir werden Jesus sehen. Unser Sehen heute sieht ganz unterschiedlich aus. Ein Mann erzählte mir, wie er ein Buch gelesen hatte, das von Jesus und seiner Berufung handelte. Er spürte, wie dieses Buch in ihm rumorte. Dann saß er allein am Tisch, die Gedanken gingen spazieren und auf einmal war ihm völlig klar, er sollte in die Mission gehen. Alle zugeschütteten Gänge seines Lebens, die ihm wie Sackgassen erschienen waren, machten auf einmal Sinn und schienen ihn genau in diese Richtung zu leiten. Er machte mir deutlich, wie eine tiefe Freude und Zuversicht ihn erfüllte. Eine Frau wusste sich von Gott gerufen, einen bestimmten Berufsweg einzuschlagen, um für Gott da sein zu können. Sie war sich sehr unsicher, ob es der richtige Weg war. Sie sagte Jesus: Wenn du wirklich willst, dass ich diese Ausbildung anfange, dann zeige mir das durch ein megaklares Zeichen. Zwei Tage später gingen zwei Bekannte auf die Frau zu und bestätigten sie auf ihrem Weg. Sie sagt, das habe sie wirklich umgehauen. Ein langjähriger Christ entdeckt die Bibel in einem Bibelkreis neu. Er kennt die Geschichten schon lange, aber in dieser Gruppe werden sie so lebendig, als wäre er selbst einer von damals. Er sagt, dass Jesus durch diese Bibeltexte direkt zu ihm spricht und er Jesus sehen kann.

Markus 16,8

„Und die Frauen gingen hinaus und flohen von dem Grab; denn Zittern und Entsetzen hatte sie ergriffen. Und sie sagten niemandem etwas; denn sie fürchteten sich."

Die Reaktion der Frauen wird nur knapp beschrieben. Ihre normale Lebenserfahrung ist abrupt unterbrochen worden. Der Himmel ist auf die Erde gekommen. Eine neue Schöpfung hat begonnen. Bisher zog die Sünde den Tod nach sich. Jesus ist für die Sünde der Welt gestorben, der Tod ist nun entmachtet. Die Frauen antworten mit Entsetzen und Schweigen. Sehr verständlich ist dieses Verhalten.

Galiläa mit Fortsetzung

Doch ich frage mich natürlich, warum der Evangelist seine Biographie Jesu mit diesen Worten abschloss. Denn dass die Frauen nicht stumm geblieben sind, wird ja dadurch aufgezeigt, dass ihre Begegnung mit dem Engel weitererzählt wurde und die Jünger dem Auferstandenen gefolgt sind. Ich kann mir diesen Schluss, die weiteren Verse des Markusevangeliums wurden erst im 2. Jahrhundert als Sammelbericht der Oster-Erscheinungen angefügt, gut erklären, wenn ich die Erzählabsicht des Evangelisten Markus berücksichtige. Markus wollte von Jesus erzählen, damit Menschen zum Glauben fanden. Er hörte mit seiner Darstellung an der Stelle auf, wo die Antwort der Lesenden gefordert war. Seine letzten Sätze lesen sich dann so: „Sie sagten niemandem etwas, denn sie fürchteten sich. - Und du? Wie reagierst du?“

Ja, wie reagiere ich, wie reagieren Sie auf das „Evangelium von Jesus Christus, Gottes Sohn“ (Markus 1,1)?

Kehren Sie auf der Schwelle der leeren Grabhöhle um und gehen zurück in Ihren Alltag? Feiern Sie das Osterfest, und danach kommen die Eier und Hasen wieder in den Keller, ohne dass der Stollen Ihres persönlichen Bergwerks freigelegt ist?

Bleiben Sie auf der Schwelle stehen, sind sie ein „Christ im Wartestand?“ Vielleicht brauchen Sie einfach jemand, der sich mit Ihnen aufmacht nach Galiläa, eine, die Sie an die Hand nimmt und Sie ermutigt, den freigelegten Weg auch zu gehen, den Ruf in die Zukunft anzunehmen. Vielleicht finden Sie diese Person in einer Gemeinde Ihres Ortes, in einem Hauskreis oder auch in einer christlichen Freizeit.

Machen Sie sich auf, um mit Jesus nach Galiläa zu gehen? Lassen Sie sich in die Zukunft rufen? Lockt Sie das Leben jenseits der Einbruchstelle Ihres Lebensstollens? Dann gehen Sie los, am besten zusammen mit anderen, denn der Weg kann beschwerlich werden, Feinde lauern unterwegs, die Wegzeichen können mitunter fehlen. Doch eins ist sicher, Jesus geht Ihnen voraus und lässt Sie nicht allein. Er hat einen großartigen Auftrag für Sie. Andere sitzen in ihrem Stollen hoffnungslos fest, Sie können Ihnen vom Retter des Lebens erzählen, der den Weg bis in Ewigkeit freimacht.

2.4.2 Jesus lebt! (Matthäus 28,1-10)

Matthäus 28,1-10

„Als aber der Sabbat vorüber war und der erste Tag der Woche anbrach, kamen Maria von Magdala und die andere Maria, um nach dem Grab zu sehen. Und siehe, es geschah ein großes Erdbeben. Denn der Engel des Herrn kam vom Himmel herab, trat hinzu und wälzte den Stein weg und setzte sich darauf. Seine Gestalt war wie der Blitz und sein Gewand weiß wie der Schnee. Die Wachen aber erschraken aus Furcht vor ihm und wurden, als wären sie tot. Aber der Engel sprach zu den Frauen: Fürchtet euch nicht! Ich weiß, dass ihr Jesus, den Gekreuzigten, sucht. Er ist nicht hier; er ist auferstanden, wie er gesagt hat. Kommt her und seht die Stätte, wo er gelegen hat; und geht eilends hin und sagt seinen Jüngern, dass er auferstanden ist von den Toten. Und siehe, er wird vor euch hingehen nach Galiläa; dort werdet ihr ihn sehen. Siehe, ich habe es euch gesagt. Und sie gingen eilends weg vom Grab mit Furcht und großer Freude und liefen, um es seinen Jüngern zu verkündigen. Und siehe, da begegnete ihnen Jesus und sprach: Seid gegrüßt! (wörtlich: „Freut euch!“) Und sie traten zu ihm und umfassten seine Füße und fielen vor ihm nieder. Da sprach Jesus zu ihnen: Fürchtet euch nicht! Geht hin und verkündigt es meinen Brüdern, dass sie nach Galiläa gehen: dort werden sie mich sehen.“ (Luther-Übersetzung)

Mit dem Evangelisten Matthäus erleben wir den Ostermorgen. Maria aus Magdala und die andere Maria sind unterwegs. Sie waren bei der Kreuzigung Jesu dabei und beobachteten das Geschehen aus der Ferne, sie sahen der Grablegung zu und machen sich am dritten Tag nach der Kreuzigung auf den Weg, um das Grab wieder zu besuchen. Matthäus lässt uns im Unklaren, was die beiden Frauen dort am Grab tun wollen. Wir können nur vermuten, dass sie Jesus nahe sein wollen, um von ihm Abschied zu nehmen. Sie suchen den Ort auf, um sich der Vergangenheit mit Jesus zu vergewissern und aus ihr Kraft für die Zukunft zu schöpfen, wie das auch heute Trauernde auf dem Friedhof tun. Sie müssen das Unfassbare bewältigen, dass ihr Herr tot ist und sie zurückgelassen hat. Ob sie in dieser Trauerphase noch mit einem Wunder Gottes rechnen? Ob sie ein Eingreifen von außen erwarten, das die Situation auf den Kopf stellt? Wie sollen sie auf die nächsten Ereignisse vorbereitet sein, schließlich ist Jesu Auferstehung die allererste.

Gott greift von außen ein. Er lässt die Erde nun schon zum dritten Mal während einer Woche beben. Während des Einzugs Jesu in Jerusalem bebten die Jerusalemer wie von einem Erdbeben erschüttert, direkt im Anschluss an Jesu Tod bebte die Erde, und nun geschieht ein neues Erdbeben. Die Frauen werden sich bewusst, dass Gott in diesen Minuten handelt, für die einen zum Gericht, für die anderen zum Heil. Ein Bote Gottes kommt zum Grab, er wälzt den Stein vor dem Grab weg und setzt sich darauf. Wie das Erdbeben löst der Bote Erschrecken aus. Die Wächter, die die Vorgänge bis dahin beobachteten, fallen ohnmächtig zu Boden, die direkte Begegnung mit Gott lässt sie ihre Kraft und Selbstbestimmung verlieren, auf die sie im Gefolge der Einflussreichen Jerusalems doch so stolz waren. Ganz anders geht es mit den Frauen weiter. Auch sie erschrecken zutiefst, aber der Bote lässt sie in ihrer Angst nicht allein. Er spricht zu ihnen und nimmt ihnen die Angst. Sie brauchen sich nicht zu fürchten, denn Gott ist auf ihrer Seite.

Die Begegnung mit Gott löst ganz unterschiedliche Reaktionen aus. Die einen fallen vor Schrecken fast tot um, sie spüren die Härte des Gerichtes Gottes, die anderen dürfen aufatmen, ihnen bringt der Engel Gottes Heil und Zukunft. Sie werden nachher vom Grab weggehen mit großer Freude.

Gott handelt am Ostermorgen, das will uns Matthäus deutlich sagen. Er hat Jesus auferweckt. Wie er ihn auferweckt, bleibt für uns ein unbeschreibbares Geheimnis. Für Matthäus ist die Frage nach dem „Wie“ nicht wichtig. Er setzt voraus, dass Jesus auferweckt wurde und reflektiert in seinem Osterbericht die Folgen der Auferweckung für die ersten Osterzeugen bis hin zu uns heute.

Fünf Wirkungen der Auferstehung Jesu kann ich entdecken, die das Geheimnis von verschiedenen Seiten beleuchten.

Große Freude wächst bei den Frauen trotz ihrer Furcht

Freude ist offensichtlich ein Erkennungszeichen von Osterzeugen. Jesus grüßt die beiden Frauen dann auch: "Freut euch!" Freude wächst offensichtlich aus der Erfahrung, dass Jesus die Mauer des Todes für uns durchbrochen hat und lebt. Freude ist Ausdruck der Hoffnung auf Jesu Gegenwart hier und heute, die niemals enden wird. Freude zeigt die neue Perspektive des Lebens. Das Leben hat eine Richtung auf Jesus zu, man kann deshalb loslassen von allen Bindungen, die kaputt machen und von Jesus wegbringen. Die ersten Christen lebten das sehr eindrücklich vor, als sie ihren Besitz teilten, damit in der Gemeinde niemand Not zu leiden brauchte. Sie konnten loslassen, weil sie um Jesus wussten, der sie versorgte. Auch in anderer Hinsicht ließen sie los. Sie bekannten sich zu Jesus, auch wenn es ihrem Ansehen schadete und sie sogar mit dem Tod als Märtyrer rechnen mussten. An ihrem Leben hingen sie nicht mehr in der Intensität, wie wir es kennen, weil sie um ein Leben nach dem Tod wussten und sich darauf freuten.

Freude kann man nicht verordnen, sie wächst von innen, selbstverständlich und oft auch unbewusst. Doch Jesus grüßt die Frauen mit der Befehlsform „Freut euch!“ Mir wird klar, dass ich diese Aufforderung Jesu am Ostermorgen genauso brauche. Sie erinnert mich an den Grund der Freude. Sie rückt mir Jesus und das neue Leben mit ihm in den Mittelpunkt. Sie weckt die tiefe Dankbarkeit, die in den Alltagsgeschäften und Sorgen fast untergegangen wäre. Jesus unterbricht mich in meinem Kreisen um die täglichen Herausforderungen und führt mich zur Quelle meiner Lebensfreude zurück. Es tut gut, an ihr auszuruhen und die Freude im Herrn wieder in mir wachsen zu lassen.

Die Frauen sollen zu den Jüngern gehen, die Jünger sollen nach Galiläa gehen

Freude setzt in Bewegung. Aus der Erstarrung der Trauer werden die Frauen aufgeweckt und auf das nächste Ziel hingewiesen. Ihre Freude hat eine Adresse. Sie sollen den Jüngern von ihrer Begegnung am Grab erzählen. Und auch die Jünger werden einen Auftrag erhalten. Sie werden in Galiläa Jesus begegnen und von ihm in die Welt gesandt werden, um von der Freude im Herrn anderen Menschen zu erzählen.

Setzt die Freude am Ostermorgen mich in Bewegung? Zu wem sendet Jesus mich? Ich höre hier, dass Jesus nicht mit mir zufrieden ist, wenn ich mich bequem im Sessel zurück lehne und mich daran freue, dass ich dem Herrn begegnet bin. Das ist nicht die Zielrichtung der Osterbotschaft. Sie bleibt niemals bei einem Menschen stehen, sondern setzt ihn in Bewegung zu anderen hin.

Aber wir können hier auch keinen wilden Aktionismus erkennen. Die Frauen sind nicht vom Grab in die Stadt gestürmt und haben jedem und jeder unterwegs ein Gespräch über Jesus aufgedrückt. Jesus hatte ihnen konkret die Adresse genannt, zu der sie die Osterbotschaft bringen sollten.

Höre ich Jesu Osterauftrag so konkret wie die Frauen damals? Voraussetzung dafür ist nach dieser Erzählung, dass ich Jesus begegne. Vielleicht ist es gut, es morgens in der Stille geschehen zu lassen, wie die Frauen am Grab. Der Tag liegt noch unbearbeitet vor mir, alle meine Sinne sind wach und empfangsbereit. Ich kann in der Stille hören, was Jesus zu mir sagt. Mag sein, eine besondere Gelegenheit zum Hören auf Jesu Auftrag ergibt sich nach einem „Erdbeben" in meinem Leben. Eine langwierige Krankheit, eine berufliche Veränderung, familiäre Umbrüche können wie Erdbeben sein, die alles Bisherige in Frage stellen. Und sie sind Chancen zur Besinnung und zur Offenheit für eine neue Richtung.

Eine junge Frau in meinem Bekanntenkreis erlebte solch eine Erschütterung. Ihr Knie musste mehrfach operiert werden, ihre Ausbildung konnte sie dabei nicht fortsetzen, ihr angestrebtes Berufsziel rückte in weite Ferne. Während der Krankenhausaufenthalte und der langen Genesungszeit zu Hause sprach Jesus mit ihr und gab ihr einen deutlichen Auftrag, ihn in viel intensiverem Maße in ihr Leben hineinzulassen und anderen von ihm zu erzählen. Sie machte sich auf und erkannte nach und nach, dass ihr persönliches Erdbeben Jesus in ihr Leben zurückgebracht hatte.

Doch noch eine andere Art, Jesu Auftrag im eigenen Leben zu hören, eröffnet die Begegnung am Ostermorgen. Zwei Marias waren unterwegs. Sollten wir nicht auch jemand an unserer Seite haben, der oder die uns unterstützt und mit uns auf Jesus hört? Diese Schwester und den Bruder finden wir in der Gemeinde, Jesus möchte sie uns zur Seite stellen, damit wir nicht vergessen, dass er wichtig für uns ist.

Wir sollten an diesem Punkt ehrlich zu uns selbst sein. Wenn der Auftrag in weite Ferne gerückt ist oder gar nicht mehr klar zu formulieren ist, dann ist das wohl ein Zeichen, dass sich etwas ändern sollte. Die Frauen sind Jesus zu Füßen gefallen, um ihm zu zeigen, dass sie von ihm alles erwarteten. Tun wir das ruhig auch und geben es zu: „Jesus, ich weiß den Weg in die Zukunft nicht, zeig du ihn mir!"

Der auferstandene und der irdische Jesus sind eins

Dreimal hatte Jesus zu seinen Nachfolgerinnen und Nachfolgern gesagt, dass er leiden und sterben musste, um dann von Gott auferweckt zu werden. Dreimal hörten es seine Nachfolgerinnen und Nachfolger, doch es lief an ihnen vorbei wie die gut gemeinten Ratschläge der Mutter gegenüber dem Teenager. Sie begriffen einfach nicht, was Jesus damit sagen wollte. Erst im Nachhinein wird den beiden Marias klar, dass Jesus nichts anderes angekündigt hatte, als was sie nun hier erlebten. Der Auferstandene war genau der gleiche wie der Irdische. Was Jesus zu Lebzeiten auf seiner Wanderschaft weitergab, das galt auch nach seiner Auferstehung.

Somit ist für die Frauen und uns heute klar, was es heißt, mit Jesus zu leben. Es geht nach der Bergpredigt Jesu zuallererst um das geistliche Leben, eine innige Gemeinschaft mit Gott, dem wir unser Leben verdanken und von dem wir uns abhängig wissen. Dieses geistliche Leben will auch im Alltag gestaltet sein. Gebetszeiten, Lebenswandel, Verhalten gegenüber Freund und Feind sind Stichworte, die Menschen, die sich an Jesus halten, bestimmen. Auch in seinen Gleichnissen machte Jesus sehr eindrücklich klar, worum es geht, wenn man mit Jesus lebt: wach zu sein, Gelegenheiten der Nähe zu Gott nicht verstreichen zu lassen und alles dafür einzusetzen, mit Gott zu leben. Wie bei den Frauen damals gestaltet sich auch für uns ein Leben mit Jesus nicht im luftleeren Raum, in dem jede und jeder machen kann, was sie oder er will. Es gibt klare Hinweisschilder und Ampeln, die uns auf dem Weg der Nachfolge bewahren.

Jesus geht seinen Jüngern entgegen

Die Zwölf hatten Jesus verlassen. Einer hatte ihn verraten und nahm sich das Leben, einer hatte ihn verleugnet und lief davon, von zehn wissen wir nichts Genaues, außer, dass sie allesamt im Garten Gethsemane eingeschlafen sind, nachdem Jesus sie um ihre Fürbitte gebeten hatte. Solche Leute waren die engsten Vertrauten Jesu. Er hätte allen Grund gehabt, mit ihnen nach seiner Auferstehung abzurechnen. Und wenn das nicht, dann doch wenigstens sie zu den Akten zu legen wegen wiederholter Unfähigkeit.

Doch erstaunlicherweise hören wir davon nichts. Im Gegenteil. Von den treulosen Jüngern redet Jesus als „meine Brüder“. Er sieht in ihnen nicht die Verräter, die um ihres eigenen Vorteils willen das Weite gesucht hatten, sondern er sieht in ihnen von Gott wie seine Kinder Geliebte, die dadurch zu seinen Brüdern werden. Jesus schenkt den Jüngern seine Vergebung, bevor die noch die Chance haben, sich zu entschuldigen und mit Jesus so wieder ins Reine zu kommen. Seine Treue zu ihnen ist stärker als ihre Untreue.

Ich höre Jesus sehr persönlich, dass er auch von mir spricht als „seine Schwester“. Er lockt mich mit dieser Anrede aus der Ecke meines Kleinglaubens, meiner Ungeduld, meiner Hoffnungslosigkeit und Trägheit. Er eröffnet mir die Chance zur Heilung. Wenn ich seine Schwester sein darf, obwohl ich alles andere bin als eine treue und mutige Nachfolgerin, dann darf ich beglückt mit „Ja“ in dieses Angebot einwilligen, Ja, ich möchte aus ganzem Herzen Jesu Schwester sein und auf ein Neues seiner Kraft vertrauen, die mich in Bewegung setzt und mir einen Auftrag gibt.

Die Wächter sind wie tot

Wir sehen hier die sehr unterschiedlichen Wirkungen der Gottesbegegnungen. Manche kommen zum Glauben, manche nicht. Die Wächter gehörten als Handlanger der Oberschicht zu denen, die Jesus ablehnten. Sie spürten die Folgen ihrer Ablehnung am eigenen Körper. Das Gericht, die endgültige Ferne von Gott, wurde an ihnen schon vorweggenommen.

Ostern ist bei aller Freude über das geschenkte Leben ein ernstzunehmendes Datum der Begegnung mit Gott. Es kann für uns Heil und Zukunft bedeuten oder Finsternis und Gottesferne. Es kommt darauf an, Jesus an uns heran zu lassen, auf ihn zu hören und ihm zu vertrauen, dann werden wir wie die Frauen von Furcht befreit.

Doch auch für die „Wächter" ist noch nicht alles zu spät. Paulus, ein Vertreter der Feinde Jesu, ist Jesus begegnet und wurde aus der Finsternis in Gottes Licht geführt. An ihm wird sichtbar, dass noch Zeit ist, die Wächter von heute aus ihrer Bewusstlosigkeit zu wecken und zu Jesus zu rufen. Sollten wir sie nicht in unsere täglichen Gebete aufnehmen, auf dass auch sie Jesus begegnen und umkehren?

3 Jesus – ermutigt

3.1 In Sorgen

3.1.1 Jesus beim Wort nehmen (Johannes 4,43-53)

In unserem Wohnort lief einige Wochen eine große Aktion, um Stammzellenspender für ein an Leukämie erkranktes Kind zu finden. In den Geschäften lagen Handzettel aus, die zur Stammzellentypisierung aufriefen, in den Zeitungen wurde die Geschichte des kleinen Jungen, der hier aufgewachsen ist, beschrieben, Geld wurde gesammelt, um diese Reihen-Typisierung zu finanzieren, und das Rote Kreuz richtete kurz vor Weihnachten einen extra Standort zur Blutabnahme ein. Dort fanden sich gerade auch viele junge Erwachsene ein, die von dem Schicksal dieses Jungen berührt wurden. So gut kann ich nachvollziehen, wie die Eltern sich nach jedem Strohhalm zur Rettung ihres Kindes ausstreckten, wie sie alle Möglichkeiten abklapperten, einen geeigneten Spender zu finden. Wie sie hofften, dass einer oder eine von uns genau das richtige Knochenmark für ihren Sohn hatte. Und wie sie während dieser Aktion schon überlegten, welche Maßnahmen sie als nächstes anpacken könnten. Ich bin mir sicher, auch ich würde mir die Hacken wund laufen, um das Leben eines unserer Kinder zu retten.

Von solch einer Situation berichtet uns die Bibel. Jesus steht am Anfang seiner Wirksamkeit. Er ist gerade im Süden des Landes unterwegs gewesen, um in Jerusalem das Passafest zu feiern. Dort sind Leute auf ihn aufmerksam geworden. Sie hörten seine Predigten, wie er ihnen bis ins Herz sah und sie genau da erwischte, wo ihre größte Sehnsucht an ihnen zehrte. Sie sahen Jesus Zeichen und Wunder tun, Gelähmte konnten wieder laufen, Blinde wurden sehend und Lahme gehend. In allem spürten die Leute in Jerusalem Jesu Vollmacht von Gott. So konnte einer nur wirken, wenn Gott ihm dazu die Kraft verlieh. Einen solchen begnadeten Prediger und Wundertäter wollten sie sicher gerne in Jerusalem festhalten, ihn verehren und von ihm profitieren.

Doch Jesus durchschaute ihr Interesse. Er wollte nicht als Wundertäter verehrt werden, sondern seinen Auftrag ausführen – Menschen auf Gott aufmerksam zu machen und sie zum himmlischen Vater zu führen. So wundert es nicht, dass er Jerusalem wieder schnell verließ und sich wieder auf den Weg zurück in die Heimat Galiläa aufmachte. Wie damals allseits bekannt, galt ja der Prophet nichts in seiner Heimat. So konnte Jesus davon ausgehen, in Galiäa, seiner Heimat, vor Wundersüchtigen in Sicherheit zu sein.

Kurz berichtet uns das Johannesevangelium von Jesu Zwischenstopp in Samaria. An einem Brunnen begegnete ihm eine Frau, sie kam zum Glauben an ihn und wurde zum Samenkorn für den Glauben an Jesus in Samaria. Nach dieser Begegnung mit der Frau am Brunnen zog Jesus weiter nach Norden.

Johannes 4,43-53

„Nach zwei Tagen ging Jesus von dort weiter nach Galiläa. Denn er selber, Jesus, bezeugte, dass ein Prophet daheim nichts gilt. Als er nun nach Galiläa kam, nahmen ihn die Galiläer auf, die alles gesehen hatten, was er in Jerusalem auf dem Fest getan hatte; denn sie waren auch zum Fest gekommen. Und Jesus kam abermals nach Kana in Galiläa, wo er das Wasser zu Wein gemacht hatte. Und es war ein Mann im Dienst des Königs; dessen Sohn lag krank in Kapernaum. Dieser hörte, dass Jesus aus Judäa nach Galiläa kam, und ging hin zu ihm und bat ihn, herabzukommen und seinem Sohn zu helfen; denn der war todkrank. Und Jesus sprach zu ihm: Wenn ihr nicht Zeichen und Wunder seht, so glaubt ihr nicht. Der Mann sprach zu ihm: Herr, komm herab, ehe mein Kind stirbt! Jesus spricht zu ihm: Geh hin, dein Sohn lebt! Der Mensch glaubte dem Wort, das Jesus zu ihm sagte, und ging hin. Und während er hinab ging, begegneten ihm seine Knechte und sagten: Dein Kind lebt. Da erforschte er von ihnen die Stunde, in der es besser mit ihm geworden war. Und sie antworteten ihm: Gestern um die siebente Stunde verließ ihn das Fieber. Da merkte der Vater, dass es die Stunde war, in der Jesus zu ihm gesagt hatte: Dein Sohn lebt. Und er glaubte mit seinem ganzen Hause." (Luther-Übersetzung)

Jesus kehrte nach Galiäa zurück und erwartete, dass ihn hier niemand als Wunderheld verehren würde, ein Prophet galt nichts in seinem Vaterland. Doch ein paar Galiäer hatten ihn offensichtlich in Jerusalem gesehen, sie wurden Zeugen seiner Predigten und seiner Zeichen und Wunder. Jesus beeindruckte sie so, dass sie zuhause von ihm erzählten. So ist Jesus sein Ruf in die Heimat vorausgeeilt. Es erstaunt nicht, dass Jesus daraufhin ein herzlicher Empfang in Kana bereitet wurde, nur zu gerne nahm man diesen Jesus auf. Merkwürdig, was Jesus selbst über diese gastfreundlichen Galiläer sagte: „Wenn ihr nicht Zeichen und Wunder seht, so glaubt ihr nicht." Die herzliche Aufnahme seiner Landsleute enttarnte er sofort als Sensationslust – sie wollten nicht wirklich ihn, sondern seine Wunder. Doch ist das tragfähiger Glaube? Was, wenn die Wunder ausbleiben oder Wünsche nicht erfüllt werden? Was, wenn der Wunderheiler am Kreuz hängen wird?

Einer ist anders

Einer aus Galiläa ist anders. Er wird uns vorgestellt als Beamter des regierenden Herodes Antipas, der im Grenzort Kapernaum stationiert ist. Der Beamte tritt uns aber nicht zuallererst als Vertreter der Regierung entgegen, sondern als Vater, der um das Leben seines Sohnes bangt. Sein Sohn ist schwer erkrankt, hat hohes Fieber und ist ein fast hoffnungsloser Fall. Doch der Vater hört von Jesu Aufenthalt in Kana, einem Ort im Gebirge, ca. 25 km vom Seeort Kapernaum entfernt. Er kennt Jesus wohl nur vom Hörensagen, aber wie einen letzten rettenden Strohhalm ergreift er die Chance und macht sich auf den langen Weg ins Gebirge, um Jesus zu treffen. Stellen wir uns vor, den sterbenden Sohn lässt er zurück, mindestens acht Stunden Fußmarsch liegen vor ihm und das alles nur aufgrund einer wagen Hoffnung auf ein Wunder Jesu. Er muss schon sehr verzweifelt sein, dieser Vater. Und endlich verschwitzt, hungrig und durstig am Ziel seiner Hoffnung angekommen, weist Jesus ihn zusammen mit all den gastfreundlichen Galiläern zurück.

Doch dieser Mann ist anders als die anderen. Dieser Mann lässt sich von Jesus nicht abweisen, er schreckt nicht zurück, als Jesus ihm entgegen schleudert, dass die Galiläer offenbar Wunder brauchen, um an ihn zu glauben. Er hält fest an Jesus. Wir merken das nur durch ein kleines Wörtchen, das hier den ganz großen Unterschied macht. Der Beamte redet Jesus mit „Herr“, „Kyrios“ an. Er sieht in Jesus mehr als den Wunderheiler. Er erkennt in Jesus den, der Leben und Tod in seiner Hand hat und darüber regiert. Er begegnet in Jesus Gott selbst.

Überraschungen

Diesen Herrn bittet der Vater des kranken Jungen, mit ihm nach Hause zu kommen, um den Sohn zu heilen. Doch Jesus geht nicht mit. Er sagt nur einen Satz: „Geh hin, dein Sohn lebt!“. Ich würde an dieser Stelle erwarten, dass der Mann sich Jesus zu Füßen wirft, bittet und bettelt, dass Jesus doch mitkommen möge. Doch dieser Vater gibt sich zufrieden, „der Mensch glaubte dem Wort“.

Die zweite Überraschung folgt. Erwarten würde ich weiter, dass sich der Mann direkt auf den Weg nach Hause macht, um nachzusehen, ob sein Sohn nun wirklich auf dem Weg der Besserung ist. Aber laut biblischem Bericht lässt sich der Vater Zeit. Für die 25 km braucht er einen ganzen Tag und eine Nacht. Von Eile kann keine Rede sein. Merkwürdig gelassen wirkt er, als ihm am nächsten Nachmittag Dienstboten entgegen laufen und von der Genesung des Sohnes berichten. Und auch da wirkt er nicht sonderlich euphorisch. Statt Freudentänze zu veranstalten, prüft er nach, ob Jesu Wort die Ursache der Heilung ist. Nein, liebe Gemeinde, so stelle ich mir einen Vater nicht vor, dessen Kind mit dem Tode gerungen hat und nun wieder leben darf. Was könnte der Grund für dieses seltsame Verhalten sein, das der Evangelist Johannes ja nicht ohne Grund so überliefert?

Der Sohn ist auf der Prioritätenliste des Vaters in die zweite Reihe gerutscht. Ein Wunder ist geschehen, dass der Junge gesund wurde. Das größere Wunder ist geschehen, dass der Vater Jesus gefunden hat. „Dein Sohn lebt!", diese Aussage Jesu hat der Vater für sich ganz persönlich genommen. Seitdem er Jesus begegnet ist, lebt er. Jesus, die Auferstehung und das Leben, hat er kennen gelernt. Selbst der durchaus mögliche Tod des Sohnes kann ihn nicht mehr schrecken. Denn Jesus bietet Leben an, das den Tod überdauert und bis in Ewigkeit währt.

So ist der Höhepunkt dieser Jesus-Begegnung nicht die Heilung des Sohnes – würden wir dies als Höhepunkt ansehen, würden wir gut zu den Galiäern passen. Nein, der Höhepunkt ist die Aussage: „Der Mann glaubte mit seinem ganzen Hause." Nicht nur er hat Jesus gefunden, sondern seine ganze Familie und seine Angestellten. Ausgezogen ist er, um für seinen Sohn zu bitten, heimgekehrt ist er mit dem Vertrauen, dass Jesus Leben schenkt ohne Begrenzung, weil Jesus als Gottes Sohn in die Verbindung mit Gott bringt.

Um an diesen Jesus zu glauben, genügte ein Wort Jesu: „Geh hin!" Darin ist uns der Vater Vorbild. Glauben geschieht auf Jesu Wort hin, auf Vorschuss, im Vertrauen. Und dieses Vertrauen reißt andere mit, im Falle der Beamtenfamilie aus Kapernaum das ganze Haus.

Auf Jesus vertrauen

Die Jesus-Begegnung von damals ist auch wichtig für uns. Was damals galt, gilt noch viel mehr heute, nachdem wir um Jesu Tod und Auferstehung wissen, um seine Hingabe für uns Menschen. Jesus gibt sein Leben hin, um an unserer Stelle den Tod zu durchleiden. Er schenkt Leben, um uns aus der Todverfallenheit zu retten. Er kommt auch heute als der Auferstandene mitten hinein in unsere Alltagsgeschichten, in Krankheit, Ausweglosigkeit, Sterben.

Jesu Frage an uns ist heute sehr aktuell: „Glauben wir galiläisch?"

Wir halten Jesus unsere Not hin und beten: „Wenn du, Jesus, dich dieser Not annimmst, will ich dir für den Rest des Lebens vertrauen." Jesus hat zwei Möglichkeiten, dieses Gebet zu beantworten:

Er erhört die Bitte. Doch die nächste Not kommt bestimmt, die nächste Krankheit, der nächste Beziehungsstress, die nächste ausweglose Situation im Geschäft. Weil es das erste Mal geklappt hat, werden wir wieder einen Handel anbieten: wenn du das tust, dann mache ich jenes. Unter der Hand wird unser Glaube zur Belohnung für Jesu Hilfe. Als ob Jesus belohnt werden will für seine Hilfe und unsere Gegenleistung bräuchte.

Oder die andere Möglichkeit, Jesus erhört diese Bitte nicht. Mein Kind wird nicht gesund, mein Arbeitsplatz geht endgültig verloren, meine Ehe zerbricht und, und, und. Weil Jesus nicht hilft, meine Erwartungshaltung bitter enttäuscht wird, bin ich mit ihm fertig. Ich suche nach anderen Wunderhelfern. Ich bin letztlich bereit, mit der Menge zu schreien: „Kreuzige ihn!"

In beiden Fällen bin ich Jesus nicht wirklich begegnet, sondern in meiner eigenen Vorstellung von Jesus stecken geblieben. Doch Jesus will nicht mit mir handeln, er will sich nicht mit Wundern beweisen oder meinen Glauben erkaufen. Jesus will mich ganz, mein ganzes Vertrauen, dass er mein Leben zum Ziel führen kann. Er sagt mir zu: „Nichts kann dich trennen von Gottes Liebe. Dein Leben ist in Gottes Hand. Er macht es gut mit dir. Er schenkt dir Kraft zum Tragen, zur Veränderung, zum Aufbruch."

Jesus zeigt mir und Ihnen, dass Gott Sie will und Sie gelassen und getrost selbst die Abgründe des Lebens durchschreiten können.

Glauben Sie wie der königliche Beamte und Vater?

Hören Sie Jesu Wort und vertrauen ihm auf Vorschuss? Machen Sie sich gelassen auf den Weg zurück in die Tiefe ihres Alltags – 24 Stunden für 25 Kilometer bergab? Auch, wenn Sie nicht im Voraus wissen, wie die Geschichte ausgehen wird?

Ich denke an die Frau aus meinem Bekanntenkreis, deren Ehemann ihr sagte: „Ich liebe dich nicht mehr." Sie hat sich auf Jesus verlassen und ihn beim Wort genommen: „Ich bin der Weg, die Wahrheit und das Leben". Sie ist durch eine lange, schwere Zeit gegangen. Immer wieder versuchte sie, mit ihrem Mann neu zu beginnen, ihm zu vergeben, sich selbst zu verändern. Ihr Mann kehrte nicht zurück, ein menschliches Happy End blieb aus. Doch sie erzählte mir, wie sie in jeder Phase Jesus erlebt hat, der sie einmal bei der Hand nahm, ein andermal ihre Tränen trocknete, der ihr Menschen an den Weg gestellt hat, die sie durch die tiefsten Täler begleiteten, und der ihr auch in Nächten, wo sie keiner trösten konnte, die Hand auflegte und sie in seine Liebe wie in einen Mantel einhüllte. Und heute sagt sie, dass immer noch nicht alles eitel Sonnenschein ist in ihrem Leben, sie immer noch Tage der Trauer durchlebt. Aber – so ist ihr Fazit – sie hat gelernt, dass Jesus wirklich zu ihr steht, egal, was ihr zustößt und wer sie in den Staub drückt.

Dieses Angebot macht Jesus uns. Er will unsere Hand ergreifen. Er erwartet unser Vertrauen, dass er helfen und heilen kann. Oft anders, als erwartet, aber immer in seine Richtung. Heilungen an Leib und Seele, die wir hier erleben, sind ein kleiner Vorgeschmack auf den Himmel. Dort wird Leben in Fülle sein, ohne Tod, Leid und Trennung.

Die Jesus-Begegnung dort auf dem Berg in Kana will wachrütteln. Glauben Sie wie die Galiläer? „Wenn ihr nicht Zeichen und Wunder seht, so glaubt ihr nicht". Oder glauben Sie wie der Vater aus Kapernaum?

Nehmen Sie Jesus beim Wort und vertrauen Sie ihm, dass er selbst das Wichtigste für Sie ist? Denn heilen und helfen kann vielleicht auch manch anderer, retten aus dem Tod und erlösen in Ewigkeit kann nur Jesus. Es ist ein großes Glück, in seiner Liebe geborgen zu leben, getragen zu werden in den unwegsamen Abschnitten des Lebens, sicher zu sein, dass sein Wort hält, was es verspricht.

Der Mann aus Kapernaum wurde zum Samenkorn des Glaubens in Galiläa. Jesus freut sich, wenn auch wir solche Samenkörner des Glaubens sein können, und einst über unserem Leben stehen wird:

„Der Mensch glaubte dem Wort, das Jesus ihm sagte, und ging hin."

3.1.2 Willst du heil werden? (Johannes 5,1-16)

Eine Kranke schleppt sich ins Wartezimmer des Arztes. Sie braucht offensichtlich Hilfe. Doch einer nach der anderen wird aufgerufen, diese Kranke wird übersehen. Auch als die Praxis sich zum Abend hin langsam leert, sitzt die Kranke immer noch auf ihrem Stuhl. Sie beginnt sich zu beschweren, sie bettelt die Arzthelferin an, doch die bittet sie um Geduld bis der Letzte den Warteraum verlassen hat. Als der letzte Mann aufgerufen wird, schöpft die Kranke Hoffnung. Jetzt wird sie doch wohl gleich drankommen. Eine andere Arzthelferin betritt das Wartezimmer und schaut sie verwirrt an: „Sie sind noch hier? Hat man Sie vergessen? Der Arzt ist schon weg. Ich mache gerade alle Lichter aus. Kommen Sie doch morgen wieder." Wie mag die Kranke sich nach stundenlangem Warten in der Arztpraxis fühlen? Wie ein Käfer, der ohnmächtig auf dem Rücken liegt, kommt sich die Kranke wohl vor, in die Ecke geschubst und allein gelassen ohne Hilfe.

Eine um ein Vielfaches verschärfte Situation herrschte zurzeit Jesu. Ein Doppelteich an der Stadtmauer Jerusalems wurde von Zeit zu Zeit von einer Quelle gespeist und dadurch wohl bewegt. Es hieß, dass das bewegte Wasser heilende Kräfte hätte, und der erste, der ins Wasser stiege, würde geheilt. Doch das geschah wohl äußerst selten, denn immer mehr Kranke lagerten sich um den Teich, ihre Warteschlange wurde nicht abgebaut. So griff schließlich die Öffentliche Hand ein. Man baute fünf überdachte Wartehallen, um den Kranken das Lagern zu erleichtern. Gut war es auf jeden Fall, Freunde oder Familie zu haben, die behilflich waren, das bewegte Wasser ganz schnell zu erreichen. Jesus kam auf seinem Weg nach Jerusalem an diesem Teich und seinen leidenden Anwohnern vorbei. Im Johannesevangelium lesen wir von seinen Erlebnissen dort.

Johannes 5,1-9

„Bald darauf war ein jüdisches Fest, und Jesus ging hinauf nach Jerusalem. Am Schaftor in Jerusalem befindet sich ein Teich mit fünf offenen Hallen. Auf hebräisch wird er Betesda genannt. Eine große Anzahl von Kranken lag ständig in den Hallen: Blinde, Gelähmte und Menschen mit erstorbenen Gliedern. Unter ihnen war auch ein Mann, der seit achtunddreißig Jahren krank war. Jesus sah ihn dort liegen. Er erkannte, dass der Mann schon lange unter seiner Krankheit litt, und fragte ihn: „Willst du gesund werden?“ Der Kranke antwortete: „Herr, ich habe keinen, der mir in den Teich hilft, wenn das Wasser sich bewegt. Wenn ich es allein versuche, ist immer schon jemand vor mir da.“ Jesus sagte zu ihm: „Steh auf, nimm deine Matte und geh!“ Im selben Augenblick wurde der Mann gesund. Er nahm seine Matte und konnte wieder gehen.“ (Gute Nachricht)

Das Wunder

Jesus sah in der ganzen Menschenmenge nur den einen Mann, der seit 38 Jahren allein und ohne Hilfe in der Halle wartete. Worauf wartete er noch? Auf das sich bewegende Wasser, zu dem er doch immer zu spät kam? Auf Hilfe von anderen, die ihn zum Wasser trugen? Auf den Tod? Offensichtlich wusste der Mann auch nicht mehr genau, worauf er wartete, denn auf Jesu Frage: „Willst du gesund werden?“ sagte er nicht sofort: „Ja, klar, darauf warte ich schon achtunddreißig Jahre.“ Stattdessen zählte er auf, dass die anderen schuld waren an seiner Misere, niemand ihm geholfen hatte und andere schneller waren als er. Wollte er überhaupt Jesu Angebot annehmen? Wollte er gesund werden?

Jesus fragte den Mann und enthüllte mit dieser Frage das Innerste des Kranken. Der wollte sicher gesund werden, doch seine Augen waren immer auf seine Kollegen in Halle 5 gerichtet. Die hatten es besser als er, deshalb konnte er ja nicht gesund werden. Er nahm nicht wahr, wer vor ihm stand und dass Jesus der Einzige war, der ihn wirklich gesund machen konnte.

Ich kenne die Haltung des Mannes. Ich stelle mir vor, dass meine Schwierigkeit leicht bewältigt wäre, wenn ich mehr Geld, mehr Freunde, mehr Glück oder einen anderen Körper hätte. Ich verliere mich in Phantasien, warum es andere viel leichter haben als ich. Statt Jesus vor mir zu sehen, der mich fragt: „Willst du geholfen bekommen?“

Jesus geht nicht auf die Leidensgeschichte des Kranken ein. Zumindest wird uns das nicht berichtet. Nur das Ergebnis ihrer Begegnung wird uns mitgeteilt, Jesus heilt den Kranken. Er sagt zu ihm „Steh auf!“, ein Appell an den Kranken, nun das neu geschenkte Leben selbst anzupacken und auszuprobieren, die Initiative zu ergreifen und sich nicht länger fremdbestimmt zu fühlen. "Nimm deine Matte!", auch diese Aufforderung hat Symbolcharakter. Die Matte trug achtunddreißig Jahre den Kranken, nun wird der Kranke ermächtigt, diese Matte als Hinweis auf seine Krankheit selbst zu tragen. Er kann sein Leben in die Hand nehmen und ist nicht länger gefesselt. Auch der dritte Befehl „Geh!“ weist in die Zukunft. Er soll sich mit seiner Matte unter dem Arm unters Volk mischen, er soll Gott loben und preisen für das Wunder, das an ihm geschehen ist. Er hat die Aufgabe, dieses Eingreifen Gottes weiterzusagen und andere in den Lobpreis einzuladen.

Die Erzählung hat sicher einen Schwerpunkt in der Aussage, dass ein Gelähmter wieder laufen konnte. Das eigentliche Ziel dieser Heilung war aber, dass der Mann auf Jesus hörte und aufstand, seine Zelte in Halle 5 abbrach und Botschafter eines neuen Anfangs mit Gott werden sollte.

Diese Wundererzählung ist deshalb nicht nur eine Episode im Leben Jesu, sondern Hoffnungsgeschichte für uns. Jesus nimmt die Ärmsten und Elendsten wahr. Er drückt niemand seine Liebe auf, sondern fragt nach. Er schenkt einen Neubeginn, die Kraft zum Tragen und den Mund zum Loben.

Johannes 5,9-13

„Der Tag, an dem dies geschah, war ein Sabbat. Einige von den führenden Männern sagten deshalb zu dem Geheilten: „Heute ist Sabbat, da darfst du deine Matte nicht tragen!“ Er antwortete: „Der Mann, der mich geheilt hat, sagte zu mir: „Nimm deine Matte und geh!“ Da fragten sie ihn: „Wer ist es, der dir so etwas befohlen hat?“ Aber er konnte keine Auskunft darüber geben; denn Jesus hatte den Ort wegen der vielen Menschen schon wieder verlassen.“

Der Sabbat

Der Geheilte traf auf die religiösen Wächter. Sie fühlten sich dafür verantwortlich, dass der Sabbat als Ordnung Gottes eingehalten wurde. Sie sahen nicht den Geheilten mit seiner wunderbaren Geschichte, sie hörten nicht auf sein Lob, sie sahen nur die Matte in seinem Arm. Das eigentliche Wunder übersahen sie. Der Geheilte befand sich urplötzlich in einem Verhör. Stellte er sich zu Jesus, oder schob er wie schon bei der Jesusbegegnung die Verantwortung ab? Ja, er schob die Verantwortung auf den unbekannten Heiler ab. Der hatte ihm doch befohlen, die Matte zu tragen und Gott zu loben. Er hatte nicht verstanden, dass für ihn ein neues Leben begonnen hatte. Er lobte Gott nicht, weil er es aus tiefsten Herzen wollte, sondern weil er musste. Nachdem Jesus aus dem Blick war, gehorchte er wieder den alten Autoritäten.

Solche religiösen Wächter wie damals gibt es in unserem Alltag wohl eher nicht. Aber ganz ähnlich wie dem Geheilten kann es uns dennoch gehen. Jemand hat eine für ihn wichtige Gotteserfahrung gemacht. Vielleicht ist er gesund geworden, vielleicht hat er seine Ehefrau zurück gewonnen, vielleicht ist ein großes Problem gelöst worden. Jedenfalls weiß er, dass diese Hilfe nur von Gott gekommen sein konnte. Doch wem er es auch erzählt, die Leute finden alle andere Erklärungen für seine Erfahrung. Sie benennen den Zufall, das Glück, den guten Arzt oder die Wahrscheinlichkeit als Ursache für die Lösung. Wird der Mensch dann weiter daran festhalten, dass es Gott war, der ihm geholfen hat? Oder wird er einknicken und sich mit den innerweltlichen Erklärungsmustern zufrieden geben? So wird das Gotteslob ganz schnell verstummen, und die neue Lebenschance wird nicht genutzt. Der neue Anfang ist verpasst, zwar wurde ein Problem gelöst, aber das grundlegende Vertrauen zu Jesus ist nicht gewachsen. So stehen für das nächste Problem Tor und Tür offen.

Johannes 5,14-16

„Später traf Jesus ihn im Tempel und sagte: „Hör zu! Du bist jetzt gesund. Tu nichts Unrechtes mehr, sonst wird es dir noch schlimmer ergehen.“ Der Geheilte ging fort und berichtete den führenden Männern, dass es Jesus war, der ihn gesund gemacht hatte. Da begannen sie, Jesus zu verfolgen, weil er an einem Sabbat geheilt hatte.“

Jesus und der Geheilte

Jesus suchte den Geheilten und rief ihm zu: „Sündige nicht mehr!“ Jesus benannte das Verhalten des Geheilten als Sünde. Der hatte sich nicht auf Jesu Seite gestellt, er hatte das neue Leben mit Jesus nicht ergriffen. Jesus forderte ihn auf, die Hand Gottes zu ergreifen und als Geheilter mit Jesus zu leben. Über den Zusatz seiner Aufforderung kann man staunen, denn was scheint schlimmer, als achtunddreißig Jahre krank und allein gelassen in einer Halle zu liegen. Jesus kann hier nur meinen, dass der Geheilte mit seinem Verhalten die ewige Gemeinschaft mit Gott aufs Spiel gesetzt hatte. Es konnte ihm passieren, dass er zwar Jesus am eigenen Leib erfahren hatte, aber vom himmlischen Hochzeitsmahl ausgeladen wurde. Auch wenn es für mich wie eine Drohung klingt, höre ich doch die Einladung Jesu heraus. Der Mann hatte einmal versagt, aber noch war es nicht zu spät. Noch war der Beginn des neuen Lebens mit Jesus möglich.

Doch die Geschichte ging anders weiter. Der Mann hatte nichts gelernt. Er verriet Jesus an die Gegner und lieferte damit den ersten Nagel zur Kreuzigung Jesu. Er wollte offenbar den Schritt in die Freiheit mit Jesus nicht gehen.

Hier möchte ich kurz eine andere Jesusbegegnung, die uns der Evangelist Johannes wenig später berichtet, betrachten. Jesus begegnet einem von Geburt an blinden Mann am Teich Siloah. Auch dieser Blinde wird geheilt. Auch er trifft auf Jesu Gegner, die ihn nach dem Heiler fragen und auf die Einhaltung des Sabbatgebotes pochen. Auch er weiß nicht so genau, wer Jesus eigentlich ist. Aber er steht zu Jesus, wird von der Synagogengemeinde ausgeschlossen und - nachdem Jesus ihn nochmals getroffen hat - wagt den Schritt. Er bekennt sich zu Jesus: „Herr, ich will dir allein gehören!“ sagte der Mann und warf sich vor Jesus nieder. (Johannes 9,38)

Betesda ist ein Ort der Besinnung. Will ich gesund und geheilt werden, oder schaue ich auf die anderen, die an meiner Situation schuld sind, denen es besser geht oder die mir alles Gute wegnehmen? Jesus sagt: Die anderen sind egal, wichtig ist, dass ich dich sehe. Du bist mir wichtig, Dich rufe ich, damit du mit mir heil werden kannst.

Wem von Jesus geholfen wurde, der kommt in Bewegung. Der steht auf aus der Not, verlässt „Halle 5" der Bedrängung und bekommt Kraft, das Problem zu tragen. Er oder sie wird Botschafter der Liebe Jesu.

Doch manchmal liegen Stolpersteine auf dem Weg. Auch ein Petrus hat Jesus verraten. Jesus sucht auch die Verräter auf und gibt ihnen eine zweite Chance. Nachdem Jesus eingegriffen hat, passen die alten Gleise nicht mehr, das neue Leben gehört Gott. Der Sabbat wird zum Neuanfang, zum Auferstehungstag. Steh auf! Das sagte Jesus zum Gelähmten, das sagte der Vater zu seinem Sohn, als er ihn am Ostermorgen vom Tod erweckte. Steh auf! Das ruft uns Jesus heute zu, denn er möchte, dass wir mit ihm leben und mit ihm einmal am Hochzeitsmahl im Himmel teilnehmen.

3.1.3 Hiob erhält Antwort (Hiob 19,23-27)

„Wer betet, lebt gesünder, länger, glücklicher. Der Glaube bringt für das Leben Vorteile. Dumm, wer sich das entgehen lässt." Immer wieder lockt diese oder eine ähnliche Schlagzeile Leser und Leserinnen, sich die Vorteile eines Glaubens an eine höhere Macht nicht entgehen zu lassen.

Nahe liegend ist es, den Glauben auf seinen Nutzen hin abzuklopfen. Und wenn er sich lohnt, sollte man sich diese Chance zur Lebensverbesserung auf keinen Fall entgehen lassen.

So können wir uns auch fragen: Glauben wir an Gott, vertrauen wir Jesus Christus, weil wir uns davon Vorteile versprechen? Weil wir auf ein einfacheres Leben hoffen und den Segen Gottes erwarten? Das ist eine Perspektive, die ich auf Gott richten kann: Was bringt er mir?

Eine andere Perspektive ist die von Gott auf den Menschen. Wenn er uns liebt, will er, dass wir ihm nur aus Nützlichkeitserwägungen auf seine Liebe antworten? Freut sich die Braut, die ihrem Bräutigam das Ja-Wort gibt, wenn er sie nur heiratet, weil sie eine Millionen-Erbin ist? Sie wäre doch wohl tief enttäuscht, wenn der Bräutigam ihr ein solches Motiv für seine Liebe gestehen würde. Sie will um ihrer selbst willen geliebt werden.

Ich erahne, dass Gott tief enttäuscht ist, wenn er merkt, dass Menschen nur an ihn glauben, weil sie ein gesünderes, längeres Leben führen wollen.

Dieses Thema zieht sich durch die ganze Bibel. Wer ist Gott für seine Geschöpfe? Der Goldesel, der Sklaventreiber oder der wie ein Vater, eine Mutter Liebende, die für ihre Kinder da ist?

Eine besonders herausgestellte Lebensgeschichte zu diesem Thema entfaltet das Buch Hiob. Es lässt uns auf drei Bühnen schauen, die erste Bühne ist der Himmel, dort wird eine Szene im himmlischen Thronsaal beschrieben. Die zweite Bühne lässt die Lebensgeschichte Hiobs wie im Zeitraffer ablaufen. Die dritte Bühne nimmt den größten Platz in Anspruch. Sie beschreibt Hiobs Innerstes, seine Gefühle, Gedanken, seine Beziehung zu Gott, sein inneres Leben.

Die gemeinsame Überschrift über alle drei Bühnen heißt: Ist Gott für einen Menschen nur nützlich, weil er ihm Vorteile bringt?

Der himmlische Thronsaal

Um Gottes Thron herum stellt sich Gottes Gefolge auf, darunter auch der Satan. (Hiob 1,6-12) Gott fragt den Satan, woher er komme. Der Satan antwortet, er habe die Erde inspiziert, dabei auch den Gott besonders treuen Hiob in den Blick genommen. Satan verdächtigt Hiob, sich nur an Gott zu halten, weil es ihm gut geht. Gott widerspricht Satan. Er hält Hiobs Vertrauen für echt. Doch lässt er sich auf einen Test ein. Satan solle Hiob alles bis auf das nackte Leben nehmen, um festzustellen, dass Gott Recht behält.

Diese himmlische Szene stellt vor Fragen. Würfelt Gott mit Satan darum, wer ihm treu bleibt und wer nicht? Hat Gott kein Interesse daran, seinen treuen Hiob vor den Angriffen des Teufels zu schützen? Warum gibt er ihn preis? Verschiedene Sichtweisen auf diese Himmelsszene sind möglich.

Aus der Erfahrung des Hiob, dass er sich von Gott fallen gelassen fühlt, ist dieses Vorwort abgeleitet. Nicht Gott schickt ihm das Böse, sondern Gott lässt es geschehen - mit menschlichen Bildern ist dies ausgeschmückt. Es geht hier um eine Beispielgeschichte. Nur Hiob steht im Mittelpunkt, auf das Schicksal seiner Familie wird kein Augenmerk gerichtet. Gottes Zutrauen zu Hiob ist entscheidend. Er lässt den Satan nur agieren, weil er sich sicher ist, dass Hiob nicht von ihm abfallen wird. Gott lässt den Satan gewähren, aber er lässt Hiob dabei nicht los.

Das eigentliche Thema des Vorworts ist: Wer hat Recht – Gott oder Satan? Sind die Menschen bei Gott, weil sie sich Vorteile erhoffen oder weil sie ihn lieben?

Die Biografie Hiobs

Hiob ist ein reicher Mann mit zehn Kindern. Aber alles wird ihm binnen kurzer Zeit genommen, die Kinder, der Reichtum. Darauf resümiert er: „Ich bin nackt von meiner Mutter Leibe gekommen, nackt werde ich wieder dahinfahren. Der Herr hat's gegeben, der Herr hat's genommen; der Name des Herrn sei gelobt!“ (Hiob 1,21). In einem zweiten Anlauf des Satans wird Hiob schwer krank.

Seine Ehefrau drängt ihn, Gott zu verlassen. Hiob antwortet ihr: „Haben wir Gutes empfangen von Gott und sollten das Böse nicht auch annehmen?“ (Hiob 2,10). Hiob bleibt bei Gott. Am Schluss wird er für das empfangene Leid reich entschädigt. Gott gibt Hiob viel mehr als er vorher gehabt hat, zehn wunderschöne Kinder, 140 Jahre weitere Lebenszeit, in der er vier Generationen Nachfahren erleben darf, und „Hiob starb alt und lebenssatt“ (Hiob 42,17).

Hiobs tiefstes Innerstes

Als Hiob von allen verlassen ist und krank und elend in der Asche sitzt, kommen drei Freunde zu ihm, um ihn zu trösten. Zuerst sitzen sie sieben Tage schweigend neben Hiob und signalisieren ihm ihre Nähe und ihre Anteilnahme. Doch dann fangen sie an, nach der Ursache für sein Leid zu suchen. Woher kommt Hiobs Leiden? Ist es Strafe für eine verborgene Schuld? Als Hiob weit von sich weist, eine verborgene Schuld begangen zu haben, die diese Strafe nach sich führt, verschärfen die Freunde ihren Ton. Sie klagen Hiob an. In ihren Augen muss Hiob schuld an seinem Ergehen sein, denn Gott würde einen Gerechten niemals bestrafen. Hiob beleidigt Gott, wenn er weiterhin stur behauptet unschuldig zu sein.

Doch Hiob bleibt dabei, er ist unschuldig. Er wendet sich von seinen Freunden ab und setzt sich direkt mit Gott auseinander. Er bestürmt ihn, um herauszufinden, ob Gott, den er für seinen Freund hielt, nun zum Feind geworden ist. Hiob breitet vor Gott sein Leben aus. Er beging keinen Ehebruch, richtete nicht andere, gab Almosen, sammelte keine Schätze, trat Feinden wohlwollend gegenüber, vergab, war bestrebt, immer Gottes Willen zu tun (Hiob 31). Wie konnte er mit diesem gerechten Lebenswandel von Gott bestraft werden?

Der Lebenswandel des Hiob erinnert an die Weise, wie Jesus in der Bergpredigt ein Leben nach Gottes Willen beschreibt (Matthäus 5-7). Nahezu identisch werden die Themen sowohl bei Hiob als auch in der Bergpredigt aufgelistet. Zentrum der Bergpredigt Jesu ist das Gottesverhältnis, das im Beten des Vaterunsers seinen Ausdruck findet. Genau darum geht es in den inneren Kämpfen des Hiob. Wird er, der Gottes Willen lebt wie kein anderer, bei Gott bleiben und zu ihm beten: „Dein Wille geschehe, wie im Himmel so auf Erden“? Dass Hiob dieses Gebet nicht sofort sprechen kann, zeigen seine heftigen und ehrlichen Aufschreie. Dass er am Ende der Reden genau in diese Bitte einstimmt, ist Ziel seiner Auseinandersetzung mit Gott selbst.

Hiob 19,23-27

Hiob: „Ach dass meine Reden aufgeschrieben würden! Ach dass sie aufgezeichnet würden als Inschrift, mit einem eisernen Griffel in Blei geschrieben, zu ewigem Gedächtnis in einen Fels gehauen! Aber ich weiß, dass mein Erlöser lebt, und als der letzte wird er über dem Staub sich erheben.

Und ist meine Haut noch so zerschlagen und mein Fleisch dahingeschwunden, so werde ich doch Gott sehen. Ich selbst werde ihn sehen, meine Augen werden ihn schauen und kein Fremder. Danach sehnt sich mein Herz in meiner Brust." (Luther-Übersetzung)

Hiob erfährt sich als in einem Rechtsstreit stehend. Ankläger ist Gott, der Angeklagte ist Hiob. Wichtig ist für Hiob, einen Verteidiger an seiner Seite zu haben, der ihn aus diesem Rechtsstreit herauspaukt. Doch wer ist sein Verteidiger? Seine Freunde haben versagt. Statt ihn zu verteidigen, sind sie zu Anklägern geworden. Gott hielt er vor den Schicksalsschlägen für seinen Verteidiger, doch der sitzt jetzt offensichtlich auf der Anklägerbank. Hiob will sich damit nicht abfinden. Er ruft den Gott, den er als seinen Beistand kannte, auf gegen Gott, der ihm zum Feind geworden ist. Hiob hält in extremer Spannung an Gott gegen Gott fest. Er wünscht sich nicht zuerst die Wiederherstellung seines früheren Glücks, sondern Gott zu schauen: „Danach sehnt sich mein Herz in meiner Brust." Er will Gott sehen, der nicht länger Feind bleibt, sondern wieder neu zum Freund wird und seine Zweifel auflöst.

Gott antwortet Hiob

Aus dem Wettersturm antwortet Gott Hiob (Hiob 38,1-7). Er erklärt sich als Schöpfer und weist seinem Geschöpf Hiob den Platz zu: „Wo bist du gewesen, als ich die Erde erschuf?"

Vier Aspekte enthalten Gottes Antworten, die auch über Hiob selbst hinausweisen zu Jesus Christus:

Gott antwortet aus dem Wettersturm

Gott lässt sich nicht auf Hiobs Ebene herab. Er lässt sich von Hiob nicht zwingen, auf die von Hiob eingeforderte Weise mit ihm zu kommunizieren. Gott ist frei und unverfügbar, auch in seinen Antworten. Da er der Schöpfer ist, kann er allein heraushelfen. Die Freunde Hiobs behaupteten, dass sie Gottes Handeln erklären könnten. Gott selbst lehrt Hiob, dass sein Handeln von Menschen nicht zu fassen ist. Einzig angemessenes Verhalten ist für Hiob, an Gott festzuhalten, zu bitten und auf Gott zu warten.

Dass Gottes Antworten gerade aus einem Wettersturm kommt, mag für Hiob überraschend sein, hat er doch vorher (Hiob 9,16-17) Gott erlebt, wie wenn der aus einem Wettersturm auf ihn einpeitschte und ihn verletzte. Es ist nicht der strafende Gott, dem Hiob nun im Wettersturm begegnet, sondern der Souverän, der ihm deutlich macht, dass er ihn nie loslässt.

Gott bestätigt nicht die Freunde

Gott lässt sich nicht auf eine einfache Formel bringen: Bist du gerecht, geht es dir gut. Tust du fromme Werke, wirst du reich. Betest du, bleibst du gesund. Er ist keine Wunderpille für ein unbeschwertes Leben, sondern ihm geht es darum, dass Menschen ihn ernst und wichtig nehmen und ihr Leben nach ihm ausrichten, egal unter welchen Umständen.

Gott verteidigt sich nicht

Gott erklärt Hiob nicht, warum es ihm schlecht gegangen ist. Er erzählt ihm nicht, wie der Teufel Hiob von Gott weglocken wollte. Er hat es nicht nötig, seine Motive vor Hiob zu entblättern. Gott weist Hiob seinen Platz in der Schöpfung zu. Es ist nicht der Platz in der Mitte, von dem aus Hiob seine Lage und Gottes Handeln beurteilen kann, sondern ein Platz, der ihn einen unter vielen sein lässt, über die Gott der Herr ist. Denn, so macht es Gott deutlich, die Welt ist Gott nicht nützlich. Gott braucht weder die Welt noch Hiob. Gott liebt die Welt und wendet sich ihr in großer Freiheit zu. So erwartet er die ehrliche Liebe der Geschöpfe, die ohne Zweck Gott die Ehre geben, weil sie auf seine Liebe antworten wollen.

Gott antwortet Hiob mit seiner Zuwendung

Hiob gesteht: „Ich hatte von dir nur vom Hörensagen vernommen; aber nun hat mein Auge dich gesehen." (Hiob 42,5) Was er sich so erhofft hat, ist eingetreten. Gott hat ihm sein Gesicht zugewandt. Er sieht nun nicht länger den Feind, der ihn fertig machen will, sondern den, den er kannte, den Freund, der Hiob lieb hat.

Diese Zuwendung Gottes ist im Buch Hiob noch mit großem Abstand verbunden. Der Schöpfer zeigt sich seinem Geschöpf. Doch Hiob deutet über sich hinaus. Der Erlöser, den Hiob herbeiflehte, ist gekommen. Gott hat seinen Sohn Jesus Christus in unsere Welt gesandt, damit wir Gott als liebenden Vater deutlich erkennen können. Die Frage nach dem Sinn im Leiden stellt sich heute wie damals, auch wenn wir für uns nicht in Anspruch nehmen können, so gerecht zu sein, wie Hiob es mit seinem tadellosen Lebenswandel war. Immer noch liegen die Antworten der Freunde nahe, dass es die Strafe Gottes ist, dass man sich das alles selbst eingebrockt hat, dass es reine Erziehungsmaßnahme Gottes ist.

Der Erlöser leidet mit

Jesus gibt uns eine andere Antwort. Warum ausgerechnet wir Leid erleben, das können wir nicht erklären und beantworten, außer dass es mit dem Sündenfall in unsere Welt gekommen ist. Was zählt ist, dass auch im Leid Gott da ist. Weil Jesus das Leiden bis in die Tiefe seiner Gottverlassenheit am Kreuz als Schuldloser für uns ertragen hat, lässt er uns darin nicht allein. Gott hat ihn auferweckt und damit neue Zukunft eröffnet für alle, die sich an Jesus Christus festhalten. Leid soll nicht mehr von Gott trennen und zum ewigen Tod führen. Jesus ist im Leiden da für uns. Und er gibt in der Talsohle unseres Lebens Gewissheit, dass nichts uns von seiner Liebe trennen kann.

Wenn wir in einer Hiobssituation sind, dürfen wir darauf vertrauen, dass Jesus uns anrührt und unseren Blick auf ihn richtet. Auch wenn es durch innere Kämpfe geht wie bei Hiob, steht Jesus zu seinem Wort:

„Also hat Gott die Welt geliebt, dass er seinen eingeborenen Sohn gab, damit alle, die an ihn glauben, nicht verloren werden, sondern das ewige Leben haben.“ (Johannes 3,16, Luther-Übersetzung)

Er lässt uns nicht los, bis wir in Ewigkeit schauen werden, was wir geglaubt haben.

3.2 Erschöpfte

3.2.1 Lernen von Abraham (Hebräer 11,8-10)

Von einem Bekannten hörte ich von einem mir bis dahin völlig unbekannten Käfer. Der Taumelkäfer ist ein Wasserläufer, der auf Seen lebt. Er holt seine Nahrung sowohl aus dem Wasser als auch von der Wasseroberfläche und hat dafür zwei unterschiedlich ausgebildete und unabhängige Augenpaare. Ein Augenpaar sieht unter Wasser gut, ein Augenpaar in der Luft.

Der Taumelkäfer ist für mich mit seinen vier Augen ein Überbleibsel des Paradieses. Er sieht, was unmittelbar vor ihm liegt, den Alltag und die Notwendigkeiten des Lebens. Er hat aber auch Augen für den Himmel. Diese Augen für den Himmel sind bei uns Menschen verkümmert. Zwar haben wir die angelegte Sehnsucht, dass es jemand gibt, der unser Leben sieht und es in die richtigen Bahnen lenkt, doch es bleibt bei einer Ahnung. Ganz anders sehen die Augen des Alltags. Was für uns heute dran ist, was wir tun wollen und sollen, wie wir unsere Nahrung beschaffen und was uns bedroht, das sehen wir überdeutlich. Dadurch geraten wir in Schieflage. Wenn der Kopf immer unter Wasser ist, hängt bald der ganze Taumelkäfer unter Wasser. Im ungünstigsten Fall erstickt er dabei, denn er ist auf Luftatmung angewiesen.

Jesus ist auf die Welt gekommen, um dieses zweite Augenpaar zum Leben zu erwecken. Er will uns Gottes Perspektive schenken, den Blick über unsere Alltagsgeschäfte hinaus, den Blick über uns selbst hinaus. Denn mit den neuen Augen sehen wir erst Gott, der unserem Leben Weite, Sinn und Zukunft gibt. Mit den neuen Augen sehen zu lernen, braucht Zeit. Es ist nicht damit getan, Jesus einmal begegnet zu sein und dann begeistert Ja zu rufen. Die neuen Augen können ganz leicht wieder verkümmern, das Vertrauen zu Jesus kann brüchig werden. Der Alltag mit seinen Problemen scheint bald wieder größer als die Hilfe, die Jesus anbietet. So hilft nur, sich im neuen Sehen schulen zu lassen.

Der Brief an die Hebräer ist eine solche Sehschule für Christen, die schon mit dem zweiten Augenpaar sehen können, aber deren Sehkraft mit der Zeit wieder abgenommen hat. Die Christen, an die sich der Brief richtet, sind in die Jahre gekommen. Sie sind müde, erschöpft, resigniert und kurzatmig. Vom Aufbruch der ersten Generation ist nicht mehr viel zu spüren. Der Horizont von Gottes neuer Welt ist aus dem Blick geraten.

Heute möchte ich mit Ihnen eine kleine Unterrichtseinheit aus dieser Sehschule betrachten. Vielleicht wird dadurch Gottes Gegenwart wieder deutlicher sichtbar, Jesu Fürsorge größer als unsere Sorge, die Lebensfreude intensiver, weil der Blick Weite nach vorn bekommt.

Hebräer 11,8-10

Glauben heißt Vertrauen: „In solchem Vertrauen gehorchte Abraham, als Gott ihn rief. Er brach auf in das Land, das er als Erbbesitz bekommen sollte, und verließ seine Heimat, ohne zu wissen, wohin er kommen würde. Und in solchem Vertrauen lebte er in dem Land, das Gott ihm zugesagt hatte, als ein Fremder und in Zelten, zusammen mit Isaak und Jakob, die dieselbe Zusage bekommen hatten. Denn er wartete auf die Stadt mit festen Grundmauern, die Gott selbst entworfen und gebaut hat.“ (Gute Nachricht)

Wenn wir Abraham betrachten, lernen wir viel über Gottes Weg mit uns Menschen. Wir lernen, dass Gott uns führen möchte und dass es darum geht, auf ihn zu hören und seinen Weg mitzugehen. Im Hebräerbrief wird nicht das ganze Leben Abrahams thematisiert, das das erste Buch Mose von ihm zeichnet, sondern nur drei Aspekte beleuchtet. Diese drei Punkte beschreiben, wie sich das Vertrauen, das Abraham zu Gott hatte, auswirkte:

- Abraham wurde von Gott gerufen und brach auf.
- Abraham lebte als Fremder in der Fremde.
- Abraham wartete auf das Ziel.

Die drei Stichworte sollten die müden Christen damals und können uns heute ermutigen. Sie geben neue Impulse, sie lassen Gottes Gegenwart deutlicher sehen und bringen uns wieder ins nötige Gleichgewicht.

Der persönliche Ruf zum Aufbruch

Gott hatte Abraham beim Namen gerufen. Er forderte ihn auf, sein Vaterland zu verlassen und in ein noch unbekanntes Land aufzubrechen, das Gott ihm schenken wollte. Er sollte dort ein großes Volk werden, einen großen Namen erhalten und ein Segen sein. In Abraham, so kündigte es Gott an, sollten alle Geschlechter der Erde gesegnet sein. Abraham gehorchte dieser Stimme Gottes. Er fing an mit dem Augenpaar zu sehen, das Gott in ihm zu Leben erweckt hatte. Er vertraute Gott, obwohl er bereits 75 Jahre alt und bis dahin kinderlos war, keine Zielangabe erhielt und keinen Reiseplan in die Hand gedrückt bekam.

Wir sind nicht Abraham, das wusste der Schreiber des Hebräerbriefes auch. Doch Gottes persönliches Rufen galt nicht nur Abraham damals, sondern vollzieht sich immer wieder auf ganz ähnliche Weise. Gott ruft heute durch Jesus Christus Menschen auf, ihm ganz zu vertrauen. Jesus möchte mit jedem und jeder von uns neu ein Stück Geschichte schreiben. Dafür ist es nötig, dass wir aus unserem Alltagsgeschäft, unserem Suchen nach Nahrung unter der Wasseroberfläche, herausgerufen werden, um den Blick auf Jesus zu richten. Jesus sammelt Menschen, die auf ihn schauen, mit ihm in Beziehung sind und ihn auf dieser Erde loben. Dafür tippt er uns an, klopft uns auf die Schulter, rüttelt uns auch aus dem Schlaf wach und ruft uns zu sich.

Die müde Gemeinde der Hebräer hatte offensichtlich dieses Werben Jesu nicht wahrgenommen und verschlafen. Sie ist auf dem Sofa liegen geblieben, statt aufzustehen und die wunderbare Landschaft zu bestaunen, die Jesus ihr zeigen wollte.

Wie steht es mit uns? Sind wir bei den Schlafenden oder lassen wir uns wecken? Ruft Jesus uns persönlich zum Aufbrechen? Manche oder mancher mag jetzt denken, ja, wohin soll ich denn aufbrechen? Ein Umzug steht nicht an, der Alltag fordert meine ganze Kraft, da kann ich doch nicht alles stehen und liegen lassen und mich wie ein Aussteiger auf den Weg machen in eine unbekannte Zukunft. Will das Jesus etwa von mir? Lassen wir uns nicht gleich von Abrahams radikalem Aufbruch entmutigen. Es geht nicht gleich um die große Lebenswende, sondern doch eher um unsere kleinen Aufbrüche. Sie bedeuten, dass wir Gewohntes loslassen, uns von der Sorge um uns selbst trennen und uns in Gottes Dienst stellen. Dass wir uns herausfordern lassen von Aufgaben, die Gott uns stellt und von ihm die Kraft dazu bekommen.

Als Albert Schweitzer, Arzt, Theologe und Missionar, von Leuten bedrängt wurde, die wissen wollten, wie sie Gottes Rufen denn hören könnten, antwortete er ihnen: „Schaffen Sie sich ein Nebenamt, wo Sie Dienst tun können. Ein Mensch oder ein Werk braucht ein bisschen Zeit, Freundlichkeit, Teilnahme oder Arbeit. Da können Sie sich einbringen. Lassen Sie sich nicht entmutigen beim Warten oder Experimentieren. Auch Enttäuschungen werden Sie erleben. Aber lassen Sie sich dieses kleine Nebenamt nicht entgehen. Es kann Ihre Berufung sein." Den Ruf Jesu zum Aufbruch hören wir wahrscheinlich nicht so einschneidend wie Abraham. Aber er ist überall da zu vernehmen, wo wir uns wachrütteln lassen, uns in den Dienst Jesu stellen und abwarten, wozu er uns selbst im kleinsten „Nebenamt" gebrauchen will.

Auch als Gemeinde werden wir wachgerüttelt. Es geht im Gemeindeleben nicht um uns, unsere Kuscheldecken und unsere Rundum-Sorglos-Versicherung. Gemeinde ist der Ort, um Jesus wirken zu lassen, und der will durch uns in die Welt wirken. Aufbruch kann heißen, wir wollen eine besondere Veranstaltung im Ort durchführen, um Menschen zu Jesus einzuladen. Wenn unsere Kirchenräume nicht ausreichen, um dann auch neue Menschen aufzunehmen, müssen wir sie erweitern. Das ist ein gewaltiger Aufbruch, der unser Vertrauen zu Jesus ganz schön herausfordert. Denn wir bauen dabei nicht auf unsere Kraft, unser Geld, unsere Manpower. Das alles haben wir ja gar nicht in ausreichendem Maße, um solch eine Veranstaltung und einen folgenden Umbau durchzuführen. Wir vertrauen nur darauf, dass Gott, der uns gerufen hat, den Weg kennt und mit uns geht.

Als Fremder in der Fremde

Abraham kam in das verheißene Land als Schafhirte, nicht als neuer König. Seine Lebenssituation hatte sich im verheißenen Land nicht gebessert. Im Gegenteil, er wurde durch Hungersnot bedroht und wanderte nach Ägypten, sein Neffe bestand auf das scheinbar fruchtbarere Land, ein Kind wollte sich nicht einstellen. Die Zeit im Land Kanaan war keine Erfolgsgeschichte, sondern eine Zeit des Wartens, der Geduld und der Versuchungen. Doch wie eine Telefonschnur zu Gott reihten sich Altäre am Weg des Abraham aneinander, die dokumentierten, wie Abraham in der Fremde mit Gott in Kontakt geblieben ist. Er hatte mit den Bewohnern des Landes gelebt, aber ist seinem Gott treu geblieben. Seine Berufung hatte er nicht aus den Augen verloren. An den Stationen seines Weges baute er Altäre, um Gott für die Wegetappe zu danken und ihn sicher auch um neue Wegweisung zu bitten.

Christen gehören in diese Welt, aber sie sollten in Erinnerung behalten, dass es noch eine andere Berufung gibt, als im Alltag zu bestehen. Sie haben Bürgerrecht im Himmel, ihre geöffneten Himmelsaugen sehen eine andere Wirklichkeit als die, die vor den Füßen liegt. Ich frage mich, wie es um unser Telefonnetz zu Gott beschaffen ist. Sind es unsere täglichen Gebete, die uns mit Gott in Verbindung halten? Sind es die Gebetszeiten in der Gemeinde, die Wegmarkierungen darstellen? Nutzen wir diese Zeiten, um uns Gottes Gegenwart zu versichern?

In der Fremde hatte Abraham in Zelten gewohnt, nicht in festen Städten. Die Ausbreitung der Methodistenkirche in Amerika ist auf die hohe Flexibilität der methodistischen Reiseprediger zurückgeführt worden, die mit den Siedlungstrecks gen Westen gezogen sind. Sie haben sich nicht in festen Kirchen etabliert, sondern waren da, wo die Menschen waren. Leben in der Fremde heißt auch heute, dahin zu gehen, wo die Menschen sind. Uns nicht in Kirchengebäuden einzumauern und unser Eigenleben zu führen, sondern dorthin zu ziehen, wo Gott uns haben will. Wie sieht es in unserem persönlichen Leben aus? Wer hält uns fest, unsere Immobilien oder Gottes Auftrag? Wie sieht es für uns als Gemeinde aus? Sind wir offen für neue Fragen, neue Aufgaben und neue Zielgruppen? Oder sind unsere Konzepte fest gemauert, und wir suchen nur nach Menschen, die zu diesen Konzepten passen?

Warten auf das Ziel

Im Hebräerbrief wird Abraham beschrieben als Mann, der auf eine von Gott gebaute feste Stadt wartete. Gemeint ist damit die Stadt Jerusalem, die erst unter dem König David zur Königsstadt wurde, also viele hundert Jahre später. Dass Abraham in Zelten wohnte, sollte zeigen, dass er auf dieses Ziel zu lebte.

Mit Abraham warten wir auf das große Ziel, die endgültige Gemeinschaft mit Gott in seinem Reich. Wir haben Jesus Christus kennen gelernt, der als erster Bürger dieses neuen Reiches uns vorausging und den Weg dahin frei machte. Ihm können wir folgen. Es ist wie ein langer Staffellauf, bei dem die Menschen des Alten Testaments begannen, das Staffelholz weiterzureichen. Seit Jesus haben wir einen, der uns vorausgeht und den Weg ebnet, der vorher doch sehr undurchdringlich und gefährdet war. Wir bekommen das Staffelholz von unseren Vätern und Müttern des Glaubens und geben es weiter an unsere Kinder bzw. an die Menschen, denen Jesus neu begegnet. Am Ziel sind wir jetzt noch nicht. Deshalb dauert der Lauf noch an. Deshalb sollten wir uns noch nicht allzu häuslich in dieser Welt niederlassen. Deshalb ist es wichtig, dass wir unser neues zweites Augenpaar trainieren und das Ziel immer fester in den Blick bekommen.

Das Vertrauen zu Gott hat Wirkung. Bei Abraham wirkte es sich aus, dass er Gottes Ruf hörte und folgte, dass er als Fremder im fremden Land die Verbindung zu Gott aufrecht erhielt und dass er auf die feste von Gott gebaute Stadt wartete.

Wie wirkt sich der Glaube bei uns aus? Hören wir auf Jesu Rufen? Bleiben wir mitten im Alltag in Verbindung mit ihm, und sind wir uns bewusst, dass alle festen Häuser und Gemeindezentren in Gottes Augen nur Zelte sind, die abgerissen werden, wenn die neue Stadt uns ruft?

Alle diese Zeugen, die uns wie eine Wolke umgeben, spornen uns an. „Darum lasst uns durchhalten in dem Wettlauf, zu dem wir angetreten sind, und alles ablegen, was uns dabei hindert, vor allem die Sünde, die uns so leicht umgarnt!“ (Hebräer 12,1)

3.2.2 Müde auf dem Weg (Hebräer 12,12-13)

Gerne spielen wir das Gesellschaftsspiel „Mensch-ärgere-dich-nicht“. Unsere Figuren sollen möglichst schnell ins „Häuschen“ kommen, doch leider ist das gar nicht so einfach. Wir würfeln ständig Einsen, nur vor dem „Häuschen“ bleiben sie aus. Wir werden überholt und rausgeworfen, wir werfen andere raus und kommen doch nicht schneller vorwärts. Das Spiel zieht sich in die Länge, wir werden müde, ärgern uns übereinander und sind immer wieder nahe dran, über das Spielfeld zu wischen und die Figuren auf den Boden zu schmeißen..

„Mensch-ärgere-dich-nicht“ ist ein Spiel, doch im wirklichen Leben passiert ganz Ähnliches. Wir können unterwegs nicht stehen bleiben, auch wenn der Augenblick noch so schön ist. Dabei kommen wir in Gefahrenzonen, müssen Umwege machen, werden überholt, werden rausgeworfen und werfen andere aus der Bahn. Als Christen erwarten wir, einmal in der himmlischen Heimat anzukommen, in der wir Ruhe finden und sicher sind. Doch der Weg ist weit, wir können müde werden und sogar aufgeben.

Jesus will mit uns ganz bewusst auf dem Lebensweg sein, wir können von ihm lernen und neue Perspektiven bekommen. Gerade wenn wir müde sind, will er uns Kraft geben, dass wir den Weg mit ihm fortsetzen können.

So ging es auch den Christen der zweiten und dritten Generation nach Jesu Auferstehung. Der Brief an die Hebräer richtet sich an die müde gewordene Gemeinde. Er versucht das Ziel des Lebenswegs, die Ruhe bei Jesus, in den Mittelpunkt zu stellen, um zum Festhalten an Jesus zu ermutigen. Das Ziel, so vermittelt es der Brief, lohnt den ganzen Einsatz.

Hebräer 12,12-13

„Darum stärkt die müden Hände und die wankenden Knie und macht sichere Schritte mit euren Füßen, damit nicht jemand strauchle wie ein Lahmer, sondern vielmehr gesund werde.“ (Luther-Übersetzung)

Der Schreiber des Briefes betont im Vorfeld dieser Sätze: Der Weg durchs Leben bedeutet als Christ, durch die Wüste zu wandern wie das Gottesvolk nach dem Auszug aus Ägypten. Die Wüste ist Kampfzone. Es gibt giftige Schlangen und jede Menge Feinde. Die Wüste kann sogar zur Todeszone werden, Wasser und Essen sind knapp. Christen werden müde, weil ihnen die Illusionen genommen werden. Mit Jesus haben sie keinen leichteren Alltag. Die Probleme sind nicht mit einem Schlag alle gelöst, Christen haben nicht automatisch alles im Griff. Gemeinde ist keine Insel der Seligen, sondern in der Gemeinde sind konkrete Menschen mit Ecken und Kanten. Neue Menschen zu gewinnen ist nicht einfach und selbstverständlich, Enttäuschungen und Rückschläge lassen am

Glauben zweifeln. Die Themen des Alltags sind so groß, dass das Ziel verdeckt wird. Warum soll man mit Jesus auf dem Weg bleiben, wenn man es wie einen Kreisverkehr empfindet?

Strategien zum Wachbleiben

Der Hebräerbrief nennt drei Strategien zum Wachbleiben. Als erstes fordert er dazu auf, gegen Sünde zu kämpfen. Sünde ist wie ein großer Felsbrocken, der im Weg liegt. Um an ihm vorbeizukommen, werden Irrwege und weite Umwege in Kauf genommen. Den Felsbrocken gar nicht erst in den Weg fallen zu lassen, empfiehlt der Schreiber des Hebräerbriefes. Das gelingt nur, wenn wir an den Maßstäben Jesu festhalten. Dazu gehört, dass wir ehrlich zu uns selbst und zu anderen sind, keine Rolle spielen, sondern zu uns stehen. Dass wir weder uns selbst noch andere verletzen, weil wir Geliebte Gottes sind. Dass wir großzügig leben, weil alles, was wir haben, von Gott geschenkt ist. Jesus gibt sich selbst zum Maßstab: Er vergibt und erwartet das von seinen Nachfolgerinnen und Nachfolgern.

Als zweite Strategie nennt der Brief, Jesus als Vorbild zu nehmen. Wie er mit seinem ganzen Leben Gott und den Menschen diente, so erwartet Jesus diese Hingabe auch von uns Christen. Um neuen Mut für den Weg des Lebens zu bekommen, hilft es, Jesus in Anspruch zu nehmen, ihn zu bitten, dass er hilft und von ihm zu erwarten, dass er neue Kraft gibt.

Auch das Leid thematisiert der Hebräerbrief. Leid kann helfen, näher zu Jesus zu rücken, alle Hilfe von ihm zu erwarten. Gott zeigt seine Liebe nicht dadurch, dass er Menschen straft, auch wenn der Hebräerbrief schreibt „Wen der Herr lieb hat, den züchtigt er“. Die Pädagogik hat sich in den vergangenen 2000 Jahren verändert. Wir haben erkannt, dass nicht die Prügelstrafe Ausdruck der Liebe ist, sondern die Präsenz mitten im Leid. Gott bleibt dabei, auch wenn wir selbst sprachlos geworden sind, keinen Glauben mehr haben, im Leid völlig versunken sind. Er ist für uns in den Tod gegangen, damit wir leben können. Und in der Erfahrung von persönlichem Leid kommt er uns am nächsten. Keiner kommt so nahe an unser Herz, keiner kann unser Herz so verändern und zur Umkehr bewegen. Seine Nähe ist seine Liebe. Im Leid werden wir reifer, weil Gottes Liebe uns verändert.

Das 4-Punkte-Programm des Hebräerbriefes müssen wir in unsere Lebenswelt übersetzen, um wieder wach und voller Kraft den Weg mit Jesus fortzusetzen.

Wir haben eine Aufgabe, ...

Am liebsten würde ich beim Spiel „Mensch-ärgere-dich-nicht“ mit lauter Sechsen direkt ins „Häuschen“ laufen. Doch Leben bedeutet nicht Schnelldurchgang zum Himmel, sondern hat Qualität auch unterwegs. Wir haben einen besonderen Lebensauftrag zuzuhören, zu beten, voran zu gehen, Kinder zu ermutigen, zu helfen, andere anzuleiten und so weiter. Ein solcher Auftrag gibt Kraft und Motivation, über eine Durststrecke hinweg zu kommen.

Jeder und jede von uns hat Aufgaben von Gott zugeteilt bekommen, es ist nicht egal, ob wir leben oder nicht. Genau Ihr Gebet wird gebraucht, gerade Ihre Ermutigung ist morgen im Büro wichtig, nur Sie können in einzigartiger Weise ihre Umgebung erwärmen. Auftragsgewisses Leben ist nicht egal oder beliebig, es lebt von dem, der den Auftrag gegeben hat und dem, dem der Auftrag zugute kommt. Stellen Sie sich vor, ein Brief wäre zum Briefkasten zu bringen. Draußen ist es kalt und ungemütlich, sie haben schon ihre Jogging-Hose an und vor sich einen heißen Tee. Die Couch ruft. Aber der Brief muss auch noch heute weg. Ich bin sicher, Sie ziehen sich um, packen den Brief und laufen zum Briefkasten. Und der Tee steht noch da, wenn Sie wiederkommen. Mit einem konkreten Auftrag bewegen Sie sich freiwillig, ohne Auftrag wäre wohl die Couch viel attraktiver gewesen.

... sind gemeinsam unterwegs ...

Die Chancen, eine Figur bei „Mensch-ärgere-dich-nicht“ nach Hause zu bringen, erhöhen sich, wenn alle eigenen vier Figuren unterwegs sind. Eine der vier wird überleben, die anderen drei die Gegner ablenken. Jesus war unterwegs mit 12 Jüngern, die ihm eigentlich nur Schwierigkeiten machten. Für besonders heikle Missionen nahm er nur seine drei engsten Freunde mit sich und bat sie um Gebetsunterstützung wie im Garten Getsemane. So werden wir auch unterwegs die Unterstützung anderer Christen brauchen. Wenn sie Jesus erleben, gibt das uns Mut, mit ihm auch in unserer Situation zu rechnen. Wenn sie sich verändern, lässt es uns hoffen, dass auch wir uns verändern können. Paulus sagte einmal: „Jetzt leben wir wieder auf, weil wir wissen, dass ihr feststeht in der Verbundenheit mit dem Herrn.“ (1Thessalonicher 3,8) Im 3 Johannesbrief heißt es: „Nichts macht mich glücklicher, als zu hören, dass meine Kinder der Wahrheit gemäß leben.“ (3 Johannes 4) Wer ist mit uns unterwegs, an wem können wir beobachten, wie Jesus wirkt und Kraft gibt? Und wer unterstützt uns in der Fürbitte, wenn wir in heiklen Missionen unterwegs sind?

... haben für uns selbst zu sorgen ...

Jemand sagte mal, dass er für Jesus lieber ausbrennen würde als zu verrosten. Er fürchtete die Einsen, mit denen man einfach nicht vorankommt. Er wollte immer mit Vollgas für Jesus unterwegs sein. Doch die Gefahr ist groß, dass man doch irgendwann ausgebrannt an der Seitenlinie liegenbleibt, rausgeschmissen und ins Abseits gestellt, ein „Es-war-einmal-Nachfolger“. Das ist dann auch nicht besser als zu verrosten.

Wenn wir mit Jesus unterwegs sind, sollen wir nicht stehen bleiben, aber wir müssen unsere Kräfte einteilen, klug unser Leben gestalten. Wir sollten uns bei „Mensch-ärgere-dich-nicht“ z.B. nicht auf den Startpunkt des Gegners stellen, wenn er alle vier Figuren noch aufs Feld bringen muss. Wir werden wahrscheinlich beim nächsten Würfeln rausgeschmissen. Klug unser Leben als Christen zu führen bedeutet z.B., den Sonntag ernst zu nehmen als einen Tag der Ruhe und Gemeinschaft mit Gott. Klug die Kräfte einzuteilen bedeutet auch, an diesen ruhigen Tagen der Frage nachzugehen, was wir selbst eigentlich wollen, was unser Lebenstraum ist, wie wir Gottes Auftrag hören. Sonst werden wir so leicht fremdbestimmt und wissen am Schluss gar nicht mehr, was wir wollen und wo unser Weg hinführt. Wir werden zu Getriebenen statt zu Beauftragten und Berufenen.

Auch das Nein-Sagen gehört dazu. Es ist ein geistliches Übungsfeld, Nein zu sagen, wenn wir uns sicher sind, dass auch Jesus Nein sagen würde. Es allen recht zu machen, führt zu einem ständigen Zickzackkurs, der nicht ans Ziel führt. Klug unsere Kräfte einzuteilen, heißt für mich, Menschen zu finden, die meine geistlichen Berater sind, bei denen ich mich nicht verstellen muss und die sich um mich sorgen. Ich bin überzeugt, dass wir alle solche Menschen in unserer nächsten Umgebung brauchen. Sie helfen uns, im Zweifelsfall einen Gang runterzuschalten, um gar nicht erst auszubrennen.

… und brauchen die richtige Nahrung.

An der Tankstelle stand ich Anfang 2011 vor einem inneren Konflikt. Sollte ich E10 tanken oder doch lieber Super Plus? Welches Benzin ist besser für den Motor? Was ist besser für die Umwelt? Mit welchem Sprit würde ich weiter gekommen? Was ist auf Dauer billiger?

Einige von uns haben herausgefunden, dass für sie das Singen von Lobpreisliedern, auch Worship genannt, das richtige Benzin ist. Sie tanken damit Liebe Gottes pur. Am Sonntag einen Worship-Gottesdienst erlebt zu haben, gibt ihnen Kraft für die ganze Woche. Sie spüren die Liebe Gottes im Herzen.

Es wäre gut, wir alle hätten unseren Zugang zu Gottes Liebe freigelegt und das richtige Benzin für unser Herz gefunden. Ein wesentlicher Kraftstoff steckt auf jeden Fall in der Bibel. In ihr zu lesen ist, wie wenn wir im Sesselllift über einem Skihang schweben, in der Vogelperspektive sehen wir gleichzeitig Start und Ziel. Die Bibel öffnet uns den Blick aus der Vogelperspektive auf unser Leben. Wir sehen den Anfang, den Gott gemacht hat, und wir sehen das Ziel, die Herrlichkeit bei Gott. Wir lernen, dass wir auf dem Weg nicht allein sind und Jesus mit uns geht. Und wir erfahren, dass das Ziel alle Anstrengung wert ist, sogar Leid und Traurigkeit. Müde werden wir immer wieder, doch aufzugeben brauchen wir nicht, denn Jesus stärkt unsere müden Hände und wankenden Knie.

„Darum verliere ich nicht den Mut. Die Lebenskräfte, die ich von Natur aus habe, werden aufgerieben; aber das Leben, das Gott mir schenkt, erneuert sich jeden Tag." (2 Korinther 4,16)

3.2.3 Alles hat seine Zeit (Prediger 3,1-14)

In besonders hektischen Zeiten reicht ein Stichwort, um die Gedanken in eine andere Welt zu schicken: Urlaub. Statt Berge von unerledigten Akten, ungebügelter Wäsche oder noch ausstehenden Besprechungen hören wir plötzlich das Meer rauschen, sehen idyllische Berglandschaften, weite Felder vor uns, spüren einen warmen Sommerwind auf der Haut und denken an liebevolle Gespräche bis in die Nacht, gekrönt von langem Ausschlafen und ausgiebigem Frühstück. Aber reichen zwei Wochen Urlaub im Sommer, um den Alltag zu schaffen? Sollte es nicht an jedem Tag Urlaubsmomente geben um durchzuhalten? Ein Abschnitt aus dem Prediger Salomo beschäftigt sich mit diesem Thema:

Prediger 3,1-14

„Alles, was auf der Erde geschieht, hat seine von Gott bestimmte Zeit: geboren werden und sterben, einpflanzen und ausreißen, töten und Leben retten, niederreißen und aufbauen, weinen und lachen, wehklagen und tanzen, Steine werfen und Steine aufsammeln, sich umarmen und sich aus der Umarmung lösen, finden und verlieren, aufbewahren und wegwerfen, zerreißen und zusammennähen, schweigen und reden. Das Lieben hat seine Zeit und auch das Hassen, der Krieg und der Frieden. Was hat ein Mensch von seiner Mühe und Arbeit? Ich habe die fruchtlose Beschäftigung gesehen, die Gott den Menschen auferlegt hat. Gott hat für alles eine Zeit vorherbestimmt, zu der er es tut; und alles, was er tut, ist vollkommen. Dem Menschen hat er eine Ahnung von dem riesigen Ausmaß der Zeiträume gegeben, aber von dem, was Gott in dieser unvorstellbar langen Zeit tut, kann der einzelne Mensch nur einen winzigen Ausschnitt wahrnehmen. Ich bin zu der Erkenntnis gekommen: Das Beste, was der Mensch tun kann, ist, sich zu freuen und sein Leben zu genießen, solange er es hat. Wenn er aber zu essen und zu trinken hat und genießen kann, was er sich erarbeitet hat, dann verdankt er das der Güte Gottes. Ich habe erkannt: Alles, was Gott tut, ist unabänderlich für alle Zeiten. Der Mensch kann nichts hinzufügen und nichts davon wegnehmen. So hat es Gott eingerichtet, damit wir in Ehrfurcht zu ihm aufschauen.“ (Gute Nachricht)

Wozu leben wir?

Das Buch "Prediger Salomo" wurde in einer Zeit geschrieben, in der große wirtschaftliche Veränderungen im 3. Jahrhundert vor Christus dazu führten, dass die Reichen immer reicher und die Armen immer ärmer wurden. Die frommen Israeliten fragten sich: Ist Gott gerecht, dass er die Skrupellosen unterstützt und die Frommen vergisst? Denn gerade die Gottesfürchtigen gehörten eher der sozialen Unterschicht an, mussten ihr Land verkaufen und waren darauf angewiesen, von der Hand in den Mund zu leben.

Der Prediger Salomo gibt eine Antwort auf diese Probleme: Wozu leben wir? Nicht, damit es uns möglichst gut und unbeschwert geht, sondern dass wir Gott fürchten. Nicht die Reichtümer sind entscheidend, sondern die Gottesgemeinschaft. Reichtümer vergehen, wie es das Auf und Ab in jedem Leben gibt. Aber die Gemeinschaft mit Gott bleibt.

So lehrt uns dieser berühmte und viel zitierte Abschnitt aus dem Predigerbuch die richtige Gottesfurcht. Zwei Grundvoraussetzungen werden festgehalten, um das Leben zu betrachten:

- Gott bestimmt das Datum, wann etwas eintreffen soll,
- Gott bestimmt die Dauer, wie lange etwas währen soll.

Diese beiden Kriterien setzen voraus, dass Gott als Schöpfer und Erhalter dieser Welt akzeptiert wird. Mit naturwissenschaftlichen Mitteln ist diese Grundaussage nicht beweisbar. Aber sie deckt sich mit der menschlichen Erfahrung, dass wir eine tiefe Sehnsucht nach Gott in uns tragen, die nur der Schöpfer selbst in uns hinein gelegt haben kann. Und dass Menschen nie aufhören werden, nach Gott zu suchen, auch wenn sie den christlichen Glauben ablehnen.

Der Prediger entfaltet auf der Grundlage, dass Gott die Zeit gibt und bestimmt, menschliches Leben in seinen Polaritäten. Geburt und Tod ähneln dem Pflanzen und wieder Ausreißen der abgestorbenen Pflanzen. Gott tötet und heilt, so wie Menschen Gebäude abreißen und wieder neu bauen. Weinen und Wehklagen entsprechen Lachen und Tanzen. Steine auf ein Feld zu werfen, lässt dieses Feld für den Ackerbau unbrauchbar werden, Steine zu sammeln lässt es wieder zu einem gewinnbringenden Feld werden. Auch in Beziehungen zeichnen sich diese Polaritäten ab. Lieben, finden und Treue halten auf der einen Seite, lösen, loslassen und trauern auf der anderen Seite. Schweigen als Ausdruck der Trauer, Reden als Neustart nach dem Trauerprozess. Krieg als unabänderliches Schicksal für die kleinen Leute in Israel, Frieden als Schlusspunkt und Geschenk in dieser Auflistung. Gemeinsam ist diesen 14 Begriffspaaren, dass sie Befindlichkeiten beschreiben, die unverfügbar und nicht machbar waren für Menschen der damaligen Zeit, als es noch keine In-Vitro-Fertilisation und lebensverlängernde Maßnahmen gab.

Leicht könnte der Eindruck entstehen, dass das Leben eben nicht berechenbar ist und man sich mit seinem Schicksal abfinden muss. Doch der Prediger setzt einen anderen Akzent. Das Leben ist eine Schule, um Gottesfurcht zu lernen. Gott möchte alles vollkommen machen, den Menschen seine Güte zeigen und sie letztlich lehren, dass sie ihn brauchen. Gott erwartet als Antwort Ehrfurcht und Achtung.

Wie verhalten wir uns nun mitten im bunten Jahrmarkt des Lebens? Der Prediger sagt: Das Beste, das ein Mensch tun kann, ist:

Sich freuen, …

Freude hat eine Zielrichtung. So heißt es bei Nehemia: „Die Freude am Herrn ist eure Stärke!“ (Nehemia 8,10) Oder Paulus schreibt: „Freuet euch in dem Herrn allewege, und abermals sage ich, freuet euch!“ (Philipper 4,10) Offenbar geht es bei dieser Art der Freude um die Gewissheit, dass man gehalten ist von Gott, er Stärke und Mut gibt und den Ausweg aus jeder Situation kennt. Und auch hier beim Prediger wird das deutlich. Weil Gott Datum und Dauer für unser Leben kennt, können wir entlastet sein. Leben wird durch ihn ermöglicht, das müssen wir nicht selbst schaffen. Deshalb werden wir frei, voller Neugier danach zu suchen, wo Gott heute und hier begegnen will, was er mit seiner geschenkten Zeit vorhat, wofür wir überhaupt leben sollen. Das Leben wird zur Entdeckungsreise, welche Bestimmung Gott uns gegeben hat.

… das Leben genießen …

Der Mensch ist kein Arbeitsochse, sondern Gottes Kind, als sein Ebenbild geschaffen. Deshalb gilt der Ruhetag Gottes auch dem Menschen. Der siebte Tag ist ein Tag des Genusses. Wir sollen innehalten und wieder neu spüren, wo der rote Faden in unserem Alltag ist. Wir dürfen in der Gemeinde Jesu Gottes Gegenwart erfahren, auch durch die tragenden Hände der Menschen, die mit uns Gemeinde sind. Der siebte Tag ist nur ein Ausdruck dieser Erlaubnis, Gottes Fürsorge zu genießen. Vielfältig begegnen Situationen im Alltag, wo uns ein solches Genießen geschenkt wird, auch mitten in anstrengenden Arbeitsprozessen. Sie dann als Chance zu begreifen, ist die Herausforderung.

Der Prediger Salomo ermuntert uns, uns an Gottes Gegenwart zu freuen mitten in den Aufs und Abs jedes Tages. Er lässt uns darauf achten, dass unser Leben nicht nur aus harter Arbeit besteht, sondern zumindest an einem Tag der Woche arbeitsfrei sein soll und Raum ist zum Genießen und dankbar Werden. Er sagt uns, Gottesfurcht leben wir nicht durch ein gebücktes Ducken und ängstliches Starren auf mögliche Fehler, sondern durch ein bewusstes Erleben von Gottes Gegenwart mitten im Alltag.

Doch so einfach ist es damit ja nicht. Wie Karikaturen erscheinen die vier Typen, die ihre großen Schwierigkeiten haben, den Tag zu leben, wie er ist.

Der Drückeberger kneift vor den Erfordernissen der Stunde. Er begegnet Gott nicht im Hier und Jetzt, sondern flüchtet in die Vergangenheit oder in die Zukunft. Wenn ihn jemand bittet, ihm jetzt zu helfen, wird er sich darüber auslassen, dass der andere früher nie in eine solche Notlage gekommen wäre oder dass es in Zukunft diese Not nicht mehr geben werde. Aber jetzt anzupacken fällt ihm nicht ein. Er überhört einfach den Hilferuf.

Der Sunnyboy ist grundsätzlich nur da anzutreffen, wo gelacht und gefeiert wird. Für die dunklen Stunden hält er sich nicht für zuständig. Das Weinen versucht er zu vermeiden, auch um den Preis, dass er oberflächlich wird und sich nicht in Beziehungen hinein geben kann.

Der Pharisäer vermeidet alles, was ihn schuldig machen könnte. Er versucht ein makelloses Leben zu führen. Tanzen und Lachen scheinen ihm verdächtig. Auch Pflanzen ist nicht sein Ding, was, wenn er dabei einen Fehler macht? Er übergeht die Bitte des Vaterunsers "Vergib uns unsere Schuld, wie auch wir vergeben unseren Schuldigern", weil er sich keiner Schuld bewusst ist. Sein Lebensziel ist, alles richtig zu machen, nicht mit Gott Gemeinschaft zu haben.

Die Revoluzzerin will selbst Chefin ihrer Zeit sein. Sie macht die Nacht zum Tag und den Sonntag zum Alltag. Sie akzeptiert nicht, dass Gott den Terminkalender führt und die Daten festlegt. Sie will selbst planen. Am Schluss wird sie ausgebrannt sein oder sich bei den Arbeitsochsen auf der Wiese finden, die nur essen, arbeiten und schlafen.

... und Jesus vertrauen.

Der Prediger sagte: Alles hat seine Zeit und Stunde, von Gott gegeben. Gott schickte Jesus zu seiner Zeit und Stunde, um die Gegensätze in unserem Leben zusammenzuführen. Jesus hat den Tod überwunden. Statt zu töten hat er Gottes Willen zum Leben in unzähligen Heilungen demonstriert. Seine Jünger waren als Fresser und Säufer verschrien, weil sie in Jesu Gegenwart Gottes Nähe feierten und das neue Leben genossen. Den Steinewerfern auf die Ehebrecherin trat Jesus in den Weg. Und er selbst ist der Eckstein, den man zwar bei der Kreuzigung achtlos wegwarf, der aber zum tragenden Grund des Glaubens wurde. Jesus erzählte Gleichnisse vom Finden. Er fand Menschen, die sich verloren hatten und die Gott verloren hatten. Er brachte sie zu Gott zurück. Und am Ostermorgen konnten die zerrissenen Trauerkleider wieder zusammen genäht werden. Jesus lebte, ein neues Kapitel wurde aufgeschlagen. Jesus redete von Gott, er brachte Liebe, er schuf ewigen Frieden.

So können wir entdecken, dass Jesus den Prediger Salomo weiterführt. Die Gegensätze unseres Lebens bestehen. Wir leben oft zwischen dem einen oder anderen Extrem. Wir sind auf Gottes Zeit und Datum angewiesen. Aber wir kennen die Liebe Gottes, die uns zum Ziel führen will. Das letzte Wort ist Friede.

Was hat ein Mensch von seiner Mühe und Arbeit? Er kann in der Mühe und Arbeit Jesus Christus begegnen, der Sinn gibt, Kraft und Durchhaltevermögen schenkt, der die Tiefen mit durchleidet, aber das Ziel vor Augen hält. Das Ziel ist nicht nur der Urlaub, sondern Gottes Kind zu sein und in schöpferischer Freiheit jeden Tag auf Entdeckungsreise zu gehen, wo wir Ihm begegnen.

3.3 Zum Neuanfang

3.3.1 Jesus steht am Ufer (Johannes 21,1-14)

Kurz nach Ostern scheint die Freude über Jesu Auferstehung immer wieder schnell zu verpuffen. Die Schüler und Schülerinnen gehen zur Schule, die Arbeit häuft sich, und manche Probleme konnten immer noch nicht gelöst werden. Es ist fast so, als wenn das offene Grab des Auferstandenen mit aller Macht wieder mit unseren Themen zugeschaufelt würde. Und auch auf andere Weise dringt die Todeswelt in unser Leben. Umweltkatastrophen, Kriege und Aufstände lassen uns jeden Morgen erneut zusammenzucken, wenn wir die Nachrichten hören oder lesen. Manche von uns erleben den Alltag wie eine dunkle Nacht, sie sind ausgezehrt, abgekämpft, verunsichert und suchen nach Halt.

Wo bleibt da der Jubel über Jesu Sieg über den Tod? Ein Wort, das mich tief berührt hat und nicht loslässt, möchte ich heute mit Ihnen teilen. Es entstammt einer nachösterlichen Begegnung des Auferstandenen mit seinen Jüngern am See Genezareth, auch See Tiberias genannt. Dieser eine Satz ist nicht fettgedruckt und nicht als Segenswort bekannt. Er ist eigentlich mehr eine Orts- und Zeitangabe als ein Zuspruch, und doch entfaltet er das Evangelium pur: „Als es Morgen war, stand Jesus am Ufer.“ Als es Morgen war – offenbar folgt der Nacht ein Morgen. Und an diesem Morgen gibt es eine Orientierung, ein rettendes Ufer – Jesus Christus. Jesus bricht wie das Morgenlicht in unsere dunkelsten Nächte und zieht uns hinein in seine Gegenwart, an das rettende Ufer.

Johannes 21,1-14

„Danach offenbarte sich Jesus abermals den Jüngern am See Tiberias. Er offenbarte sich aber so: Es waren beieinander Simon Petrus und Thomas, der Zwilling genannt wird, und Nathanael aus Kana in Galiläa und die Söhne des Zebedäus und zwei andere seiner Jünger. Spricht Simon Petrus zu ihnen: Ich will fischen gehen. Sie sprechen zu ihm: So wollen wir mit dir gehen. Sie gingen hinaus und stiegen in das Boot, und in dieser Nacht fingen sie nichts. Als es aber schon Morgen war, stand Jesus am Ufer, aber die Jünger wussten nicht, dass es Jesus war. Spricht Jesus zu ihnen: Kinder, habt ihr nichts zu essen? Sie antworteten ihm: Nein. Er aber sprach zu ihnen: Werft das Netz aus zur Rechten des Bootes, so werdet ihr finden. Da warfen sie es aus und konnten's nicht mehr ziehen wegen der Menge der Fische. Da spricht der Jünger, den Jesus lieb hatte, zu Petrus: Es ist der Herr! Als Simon Petrus hörte, dass es der Herr war, gürtete er sich das Obergewand um, denn er war nackt, und warf sich ins Wasser. Die andern Jünger aber kamen mit dem Boot, denn sie waren nicht fern vom Land, nur etwa zweihundert Ellen, und zogen das Netz mit den Fischen. Als sie nun ans Land stiegen, sahen sie ein Kohlenfeuer und Fische darauf und Brot. Spricht Jesus zu ihnen: Bringt von den Fischen, die ihr jetzt gefangen habt! Simon Petrus stieg hinein und zog das Netz an Land, voll großer Fische, hundertdreiundfünfzig. Und obwohl es so viele waren, zerriss doch das Netz nicht. Spricht Jesus zu ihnen: Kommt und haltet das Mahl! Niemand aber unter den Jüngern wagte, ihn zu fragen: Wer bist du? Denn sie wussten, dass es der Herr war. Da kommt Jesus und nimmt das Brot und gibt's ihnen, desgleichen auch die Fische. Das ist nun das dritte Mal, dass Jesus den Jüngern offenbart wurde, nachdem er von den Toten auferstanden war." (Luther-Übersetzung)

Nachdem Jesus sich Maria Magdalena am offenen Grab, den Jüngern hinter verschlossenen Türen und dem zweifelnden Thomas eine Woche nach Ostern gezeigt hatte, berichtet der Evangelist Johannes von einer weiteren Jesus-Begegnung, diesmal etwas später in Galiäa. Ein Teil der Jünger ist offensichtlich nach Galiläa zurückgekehrt, warum, bleibt hier unklar. Ob sie auf eine Begegnung mit Jesus in Galiläa hofften? Ob sie einfach zurück zur Familie wollten? Jedenfalls begegnen uns die erwähnten sieben Osterzeugen so ganz und gar unösterlich, kein Jubel und kein Halleluja kommen von ihren Lippen. Stattdessen scheinen sie die Episode mit Jesus zu verdrängen. Petrus will fischen gehen, seinen alten Beruf aufnehmen, sein Brot verdienen. Und die anderen kommen mit. Statt dass mit Karfreitag und Ostern alles anders wurde, sind sie im Alltag angekommen.

Ob ich nicht manchmal auch bei diesen sieben Jüngern bin? Eigentlich sollten mich die Begegnungen mit Jesus, seine Kraft und die Erfahrungen von Gebetserhörungen auch durch harte Zeiten tragen, doch so leicht erstirbt der Osterjubel, und ich mache weiter wie bisher, verbeiße mich in meine Pflichten und vergesse die Berufung, die Jesus mir gegeben hat.

Doch es kommt noch schlimmer. Das Netz bleibt leer. Der absolute Tiefpunkt ist erreicht. Es ist schwarze Nacht, und kein Fisch geht ins Netz. Die Arbeit ist vergeblich, noch nicht mal der Alltag funktioniert mehr.

Die schwarze Nacht können wir alle mit unseren eigenen Geschichten füllen. Ob es die Erfolglosigkeit im Geschäft oder der Beziehungswirrwarr im eigenen Herzen ist. Ob es die Gemeindeerfahrung ist, dass sich niemand einladen lässt, ein Leben mit Jesus zu führen, dass Straßeneinsätze, persönliche Beziehungen und wunderbar geplante Events keine Türen geöffnet haben und Menschen sich weiter dem Evangelium verschließen, es sind Tiberias-Erfahrungen – im Dunkeln auf einem See zu schippern und leere Netze mit sich zu ziehen.

„Als es aber schon Morgen war, stand Jesus am Ufer."

Wie lange stand Jesus schon da? War er auch während der schwarzen Nachtstunden da am Ufer? Ich bin überzeugt, dass der Auferstandene nicht nur alle Tage, sondern auch alle Nächte ein Auge auf uns hat. Er steht nicht erst am Ufer, wenn die Sonne aufgeht. Doch bei Licht zeichnet sich seine

Silhouette ab, er wird wahrnehmbar. Er redet die Jünger an: „Habt ihr nichts zu essen?" Mit dieser kleinen Frage deckt er ihr ganzes Elend auf. Nein, sie haben nichts zu essen, sie wissen nicht, wovon sie leben sollen. Sie, die von Jesus schon „Brot des Lebens" bekommen haben, wunderbare Brot- und Fischspeisungen erlebt hatten (Johannes 6), haben in der österlichen Zeit kein Brot und keinen Fisch. Sie sind trotz Auferstehung wieder hungrig wie eh und je.

Sind es nur die Jünger, die sich nach Brot des Lebens sehnen, die von vollen Netzen träumen, von Sorglosigkeit und Frieden? Jesus fordert auch uns auf, ihm unsere Ohnmacht zu bekennen, die Leere zuzugeben, die Sehnsucht herauszuschreien. Wir müssen uns nicht als glückliche Ostereier verkleiden, sondern dürfen mit unseren Nacht-Erfahrungen bei Jesus ankommen. Er hört uns zu, er wartet darauf, dass wir ehrlich sind. Und auch als Gemeinde können wir ehrlich sein. Es ist nicht einfach, für ihn Zeugnis zu geben, es ist nicht einfach, als Gemeinde nach seinem Vorbild beieinander zu bleiben, einander zu dienen, zu lieben, zu vergeben, immer wieder neu anzufangen, sich korrigieren zu lassen. Es ist deprimierend, dass niemand dazugekommen ist, der Jesus vorher noch nicht kannte, eigentlich nur die Frommen noch frömmer wurden. Jesus provoziert da am Ufer Ehrlichkeit, entlastende Ehrlichkeit.

Doch nun wird Jesus aktiv, er fordert zum zweiten Versuch auf, das Netz soll wieder ausgeworfen werden – nach der Seite, die Jesus bestimmt. Jesus sagt zu: Ihr werdet finden! Der Unterschied zum ersten Auswerfen sticht ins Auge. Die Jünger starren nicht länger auf die Beute, sie denken nicht daran, was sie mit den Fischen alles anstellen können und sie vergleichen sich nicht mit anderen Fischerbooten auf dem See. Sie schauen auf Jesus am Ufer, er dirigiert die Szene. Der Lieblingsjünger erkennt das, er ruft: „Es ist der Herr!" Jesus erweist sich als Herr durch seine teilnehmende Nähe, seine Ermutigung zum neuen Anfang und durch seine Autorität, die die Jünger tun lässt, was er sagt. Jesus sorgt für ein volles Netz.

Petrus, der es nicht erwarten kann, zu Jesus zu kommen, schwimmt voraus und weist damit dem Boot den Weg zu Jesus. Zwar sind nur knapp 100m bis zum Ufer zu überwinden. Doch die würden schon reichen, um die Beute zu verlieren, zu verschachern oder mit dem Boot einen anderen Zielpunkt anzusteuern. Petrus ist Wegweiser, dass die Jünger zu Jesus kommen, dass die Fische bei ihm landen.

Ich frage mich, ob solch ein Petrusdienst nicht auch bei uns wichtig ist. Wir können unsere Freunde oft nur bis quasi 100m Entfernung zu Jesus bringen, wir können sie einladen, ihnen von der Bibel erzählen, sie bei Lebensthemen auf Gott stoßen, aber die letzten 100m sind ihre eigenen. Da können wir voraus schwimmen und einfach hoffen, dass sie nachkommen und Jesus selbst begegnen.

Was sie dann am Ufer erwartet, ist überwältigend. Der Auferstandene hat eine Mahlzeit für sie vorbereitet. Geröstetes Brot und gegrillter Fisch lassen ihnen das Wasser im Mund zusammen laufen. Das Kohlefeuer wärmt sie nach durchwachter Nacht, und die Anwesenheit Jesu lässt sie wieder neu die Osterfreude erleben: Jesus sättigt sie doch. Sie müssen sich keine Sorgen machen. Während die Nacht schwarz war und die Netze leer blieben, stand er doch schon längst am Ufer, um sie zu empfangen, ihnen Gutes zu tun, sie zu sättigen. Und nicht genug damit, er braucht die Fische aus dem Netz gar nicht, nimmt sie aber trotzdem in Empfang.

Jesus braucht unsere Erfolge nicht, um uns zu sättigen. Er möchte uns einbeziehen in seine Mission. Er gibt uns Würde dabei zu sein, in seinen Auftrag hineinzuwachsen.

In den Ferien nahm ich an einer Bläserfreizeit teil. Wir hatten ein paar Profis als Lehrer und Gruppenleiter dabei. Die ganze Woche über übten sie mit uns für ein Abschlusskonzert. Wenn ich mein Spielen selbstkritisch anschaue, hätte ich bei diesem Konzert nicht mitspielen müssen. Im Gegenteil, die Profis hätten sich wahrscheinlich allein sehr viel besser angehört. Doch ich war dabei, wurde würdig erachtet, bei schweren Stücken mitzutun, wurde mitgerissen von den viel besser Spielenden. Jesus nimmt uns mit auf seinem Fischfang. Er ruft zu sich ans Ufer, er sorgt für Fische in seinen Netzen. Er braucht uns dazu nicht, aber er will uns mit einbeziehen, wir dürfen an ihm und mit ihm wachsen.

Dass es genau 153 große Fische sind, daran liegt dem Evangelisten Johannes viel. Vielleicht stand diese Zahl damals für alle Nationen der Welt. So hätte der Fischzug symbolische Bedeutung. Die Jünger werden aufgefordert, Menschen aus allen Nationen die Gute Nachricht zu bringen. Und Jesus wird dafür sorgen, dass seine Nachfolgerinnen und Nachfolger beieinander bleiben, wie er es in seinem Abschieds-Gebet formulierte (Johannes 17). Das Netz wird nicht reißen, egal wie viele dazukommen.

Wir brauchen Jesus am Ufer, wir brauchen seine Stärkung. Oft kommen wir mit zu wenig Stärkung aus, das ist nicht gut. Lassen wir uns neu von ihm sättigen im Lesen der Bibel, im Gebet, im Gespräch mit Menschen, die uns im Glauben weiterhelfen können. Das Leben mit Jesus ist es wert, zu ihm an Land zu kommen.

Auch wenn manche Nacht noch dunkel ist, das Grab Jesu bleibt leer. Der Auferstandene steht am Ufer, es ist der Herr. Ein Gedenkstein in Berthelsdorf bei Herrnhut ist dem Pfarrer Johann Andreas Rothe gewidmet, einem Weggefährten Nikolaus Ludwig Graf von Zinzendorffs. In diesen Stein ist eingemeißelt: „Da es Morgen war, stand Jesus am Ufer“. Das Ufer der Ewigkeit haben wir alle noch nicht erreicht. Wie gut, unseren Herrn am Ufer der neuen Welt zu wissen, der auf uns wartet und uns zum Mahl in seinem Reich einlädt.

„Ich habe nun den Grund gefunden, der meinen Anker ewig hält. Wo anders als in Jesu Wunden? Da lag er vor der Zeit der Welt, Der Grund, der unbeweglich steht, wenn Erd' und Himmel untergeht.“ Johann Andreas Rothe (1727)

3.3.2 Reiseführer für Christen (1 Petrus 5,5-11)

Gerne würde ich jetzt ein Kartenspiel mit Ihnen spielen. Die Spielregeln lauten: Von einem Kartenstapel nimmt sich jede und jeder eine Karte. Auf der Karte sind ganz verschiedene Motive abgebildet: eine Achterbahn, eine Party, ein Wettlauf, ein einsamer Jogger, eine einsame Insel, eine Ameise, die gerade eine große Tannennadel transportiert. Wenn jede und jeder eine Karte mit einem Bild gezogen hat, sind Sie gebeten, Ihre Karte sooft gegen eine andere Karte zu tauschen, bis Sie auf das Bild gestoßen sind, das genau zu Ihnen passt. Welche Karte halten Sie dann am Schluss in der Hand? Sie wird sehr viel Wahres über Ihr Leben aussagen. Nehmen wir z.B. die Achterbahnkarte. Haben Sie sich die ausgewählt, ist Ihr Leben wahrscheinlich durch viele turbulente Berg- und Talfahrten geprägt. Doch es gibt keine Weiterentwicklung, Sie kommen immer wieder an den Ausgangspunkt zurück. Haben Sie die Wettlauf-Karte gewählt, geht es Ihnen ums Gewinnen und Konkurrieren, der Druck in Ihrem Leben ist groß. Der einsame Jogger dagegen weiß um den Wert der Ausdauer, der Anstrengung und der Selbstmotivation. Er braucht keine Konkurrenten, um Druck zu bekommen, er hat den Druck in sich, um ständig gegen den inneren Schweinehund anzukämpfen. Jetzt können wir eine Variante ins Spiel bringen und eine neue Karte beim Tauschen einbringen. Auf ihr ist ein Weg abgebildet mit einem Ziel, das in einiger Entfernung auf einem Berg erleuchtet die Richtung angibt. Was machen wir mit dieser Karte? Bevor wir uns entscheiden, ob wir sie weitergeben oder behalten, möchte ich Sie einladen, sie genauer zu betrachten:

Petrus schrieb an mehrere Gemeinden einen Rundbrief, der die Gemeinden in ihrer sehr bedrängten Lage ermutigen sollte, an Jesus Christus dranzubleiben und ihr Leben mit ihm zu gestalten. Dieser Brief könnte eine Art Reiseführer sein, der den Weg, der auf der Spielkarte vorgezeichnet ist, beschreibt. Wir können uns jetzt fünf Kapitel dieses Reiseführers anschauen.

Kapitel 1: Einführung

Der Weg lohnt sich, denn er führt zu einem großartigen Ziel. In der Ferne wartet hell erleuchtet eine Berghütte auf uns, in der Gott der Hüttenwirt ist und schon längst alles für unsere Ankunft vorbereitet.

Auf dem Weg sind wir nicht allein. Jesus Christus ist unser Wanderführer. Er geht uns voran, er hilft uns in den unwegsamen Geländen, er erzählt uns von dem Ziel, das auf uns wartet. Doch er drängt sich uns nicht auf. Jeden Tag und jeden Wegabschnitt neu wartet er auf uns, ob wir uns ihm anvertrauen und seine Hand ergreifen, die er uns hinstreckt.

Als Wanderer mit Jesus sind wir in einer Wandergruppe. Jesus ordnet uns in diese Wandergruppe ein. Manchem wäre es vielleicht lieber, er könnte allein mit Jesus unterwegs sein. Aber der Weg mit Jesus ist nicht individuell zu buchen, sondern nur als Gruppenreise anzutreten. Das widerspricht vielleicht unseren Erwartungen. Wir wollen nicht in einer Gruppe wahrgenommen werden, sondern als Einzelne. Wir wollen uns nicht nach dem Tempo anderer richten. Wir haben keine Lust auf die Probleme anderer, unsere eigenen reichen uns völlig.

Doch warum führt Jesus nur Gruppenwanderungen durch? Offensichtlich hat uns die Gruppe der Mitwandernden etwas zu sagen: Wer von Jesus lernt und mit ihm unterwegs ist, muss das Gehörte und Erfahrene umsetzen können, damit es sich festigt. Die Wandergruppe ist die erste Adresse, bei der das Gehörte anzuwenden ist. Die Wandergruppe motiviert, um dranzubleiben und sich an jedem Morgen wieder neu aufzuraffen, die Schuhe für die nächste Wegetappe zu binden. Die Wandergruppe ergänzt sich in ihren Möglichkeiten und Fähigkeiten. Jede und jeder nimmt bestimmte Aufgaben für alle wahr und sorgt dafür, dass die Etappe optimal gemeistert werden kann.

Kapitel 2: Wandernde tragen eine Schürze

1 Petrus 5,5-6

„Überhaupt müsst ihr - das sage ich allen - im Umgang miteinander jede Überheblichkeit ablegen. Ihr wisst doch: „Gott widersetzt sich den Überheblichen, aber denen, die gering von sich denken, wendet er seine Liebe zu." Beugt euch also unter Gottes starke Hand, damit er euch erhöhen kann, wenn die Zeit gekommen ist." (Gute Nachricht)

Für die Wandergruppe gibt es eine klare Aufstellung. Es gibt in der Gemeinde, die eine solche Wandergruppe ist, keine Besseren und Schlechteren, alle werden aufgefordert, sich zu beugen unter Gottes Schutz und Leitung. Das ist nicht einfach. Als ich an einer Bergtour auf die großen Walliser Berge teilnahm, hatten wir ein Mitglied in unserer Gruppe, das sich schon am ersten Tag durch große Überheblichkeit auszeichnete. Dieser Mann kam zudem noch aus Hamburg, na ja, dem Hamburger trauten wir sowieso nicht zu, dass er sich in den Alpen auskennt. Er führte wortreiche Diskussionen mit dem Bergführer und brachte uns alle um die wohlverdiente Ruhe nach einer ersten anstrengenden Wegetappe. Er war dann später einer der ersten, der über sein stechendes Herz klagte und auf den alle anderen Rücksicht nehmen mussten.

Nur ein Einzelfall? Geht es uns in der Gemeinde nicht ganz ähnlich, dass wir mit Überheblichkeit sehr schnell an unseren persönlichen Grenzen scheitern? Dass wir von Jesus den Spiegel vorgehalten bekommen und einsehen müssen, dass wir genauso fehlbar sind wie die anderen und kein bisschen mehr Grund haben, uns zu loben?

Sehr schön drückt Petrus es (im Urtext des Griechischen) deshalb mit dem Bild der Schürze aus. Wir sollen uns die Schürze der Demut anziehen, wir sollen uns eine Schürze anlegen, die deutlich macht, dass wir unsere punktuelle Überlegenheit zum Dienen nutzen wollen, nicht zum Herrschen.

Da kann jemand vielleicht gut Posaune spielen. Er wird in der Gemeinde nicht gebraucht als einer, der allen anderen das Gefühl gibt, sie können musikalisch nichts und sind eine Niete. Er wird gebraucht als einer, der motiviert, mitzieht und sein Spiel in den Dienst der Gemeinde stellt. Er wird als Schürze tragender Posaunist gebraucht. Da ist eine sehr gesprächig und kontaktfreudig. Wenn sie eine Schürze trägt, wird sie diese Gabe nicht dazu einsetzen, anderen ständig von sich und ihren Themen zu erzählen, sondern sie zu fragen, was sie beschäftigt, wo sie stehen und was ihr Thema ist. Wenn jemand die Aufgabe hat, eine Gruppe zu leiten oder einen Dienst anzuleiten, dann wird er ein Gegengewicht brauchen, wo er sich von anderen leiten lässt oder sich in einen Dienst einordnet. Wer am Sonntag auf der Kanzel steht, sollte sich auch beim Putzen oder der Gartenarbeit sehen lassen. Diese Dienstbereitschaft findet ihr Vorbild in Jesus Christus selbst und führt zu ihm. Er lässt uns wissen, dass wir uns auf seine starke Hand verlassen können, die uns vor Hochmut bewahrt und auf der anderen Seite aus der Depression herauszieht.

Kapitel 3: Der schwere Rucksack

1 Petrus 5,7
„Alle eure Sorgen werft auf ihn, denn er sorgt für euch."

In der Anmeldung zu einer Bergtour in den Alpen stand deutlich: Nur das nötigste Gepäck mitnehmen. Das nötigste Gepäck hieß für mich, unbedingt einen dicken Schlafsack mitzunehmen, mehrere Hemden zum Wechseln und auch noch zusätzliches Essen. Sie glauben nicht, was am zweiten Abend auf der Hütte geschah. Ich schmiss mein zusätzliches Essen, meine zusätzlichen Hemden und sonstigen Schnickschnack in den Müll. Den gerade neu gekauften Daunenschlafsack schleppte ich dann doch weiter mit, da siegte der Geiz. Ich schämte mich sehr für den unnötigen Müll, der erst umständlich mit dem Hubschrauber entsorgt werden musste. Nie wieder passierte mir, dass ich auf eine Bergtour zuviel mitnahm.

Auf unserem Weg mit Jesus kann es uns ganz ähnlich ergehen. Jesus sagte uns von Anfang an: „Lasst alles zurück, was ihr nicht wirklich braucht. Vor allem, lasst eure Sorgen zurück, ich kümmere mich darum.“ Und nun sind wir schon eine Weile unterwegs und merken, was wir da mit uns herumschleppen, ist viel zu viel und viel zu schwer. Es belastet uns, lässt uns hinterher humpeln und immer weiter zurückfallen. Jesus ermutigt uns, den Rucksack abzunehmen und ihn auszupacken.

Welche Steine liegen denn da drin? Was tragen wir mit uns herum, das nicht in unseren Rucksack gehört? Welche Sorgen kultivieren wir, statt sie beherzt in die Hand zu nehmen und Jesus zuzuwerfen? Und stellen wir uns vor, eine Sorge wäre ein großer Stein: Wir müssten sie mit beiden Händen fassen, um sie werfen zu können. Nichts anderes tun wir, wenn wir beten und Jesus diese Sorgen nennen. Wir nehmen beide Hände und werfen die Sorge auf Jesu Rücken.

Die Versuchung ist groß, hier wieder abzuschalten und die Steine eben doch im eigenen Rucksack zu lassen. Doch lassen Sie mich konkreter werden. Wie kann ein Sorgenwerfen praktisch werden? Ich persönlich versuche es seit einiger Zeit mit einem Gebetbuch, in dem ich meine täglichen Sorgen aufschreibe. Ich merke, wie ich sie so schriftlich ganz anders abgeben kann, als wenn ich sie nur Jesus in Gedanken nenne. Der untere Teil jeder Gebetsseite ist mein Sorgen-Mülleimer. Und ich merke, wie die Sorgen da auch wirklich bleiben. Sie verändern sich. Sie sind nicht mehr drückende, Angst machende Szenarien in meinem Kopf, sondern werden zu Gebetsanliegen, von denen ich überzeugt bin, dass Gott sich über sie erbarmen wird. Ich habe einen mächtigen Verbündeten gefunden, der diese Probleme weiter behandelt und lösen wird.

Ob ein Sorgen-Mülleimer für Sie ein Tagebuch sein kann oder ein Mensch, dem Sie sich anvertrauen, ob es ein Gebetskreis oder eine Gebetspartnerschaft ist, das sieht sicher sehr verschieden aus. Wichtig ist, dass Sie sich entschließen, die Steine loswerden zu wollen, um frei nach vorn laufen zu können.

Kapitel 4: Das „Achtung“-Schild

1 Petrus 5,8-9

„Seid wachsam und nüchtern! Euer Feind, der Teufel, schleicht um die Herde wie ein hungriger Löwe. Er wartet nur darauf, dass er jemand von euch verschlingen kann. Leistet ihm Widerstand und haltet unbeirrt am Glauben fest. Denkt daran, dass die Gemeinschaft eurer Brüder und Schwestern in der ganzen Welt die gleichen Leiden durchzustehen hat.“

Petrus lässt den Löwen ein Bild für die Bedrohung der Wandergruppe sein. Er schleicht um die jungen Gemeinden und reißt Einzelne heraus, um sie zu verschlingen. Wir wissen, wie sehr die Gemeinden damals von außen angefeindet und bedroht wurden. In den Städten wurden sie verfolgt, in den Familien taten sich Abgründe auf, wenn einzelne Familienmitglieder Christen wurden. Kein Wunder, dass manche diesen Druck nicht aushielten und sich wieder von Christus abwandten.

Unser Thema hier und heute ist sicher ein bisschen anders. Wir kennen den Löwen, der uns von außen attackiert, nicht als Christenverfolger, sondern eher als kunterbuntes Angebot, das uns von der Gemeinde und Gemeinschaft mit Jesus Christus weglockt. Wer heute konsequent eine Gemeindegruppe, die sich wöchentlich trifft, besuchen will, kann dies sicher bestätigen. Manche Wochentage wie Freitag fallen für regelmäßige Veranstaltungen schon weg. Wir sind alle viel zu sehr auf Achse, um jeden Freitagabend in der Gemeinde verbringen zu können. Wir müssen lang arbeiten, uns auch noch um andere Dinge kümmern, die Abende sind schnell ohne Gemeinde ausgebucht. Der Kontakt wird loser, bald sind nicht mehr beide Beine in der Gemeinde, bald stehen wir außerhalb und wundern uns, wie es dazu kommen konnte. Wir wurden nicht vom Löwen herausgerissen, sondern vom Alltag.

Bedroht wird unsere Wanderung nicht nur von außen, sondern auch von innen. Die Zivilisationskrankheiten machen sich auch bei uns breit. Wir leiden an Übergewicht. Das lässt uns langsam und träge werden. Übergewicht entsteht, wenn wir mehr Nahrung aufnehmen als verbrauchen. Wir konsumieren Geistliches und setzen es nicht um. Wir nehmen die Liebe Gottes auf und investieren sie nicht. Wir sind sehr erpicht darauf, etwas für uns mitzunehmen und speichern es, ohne auf das Verfallsdatum zu achten. Wir leiden auch an Karies, weil wir uns davor scheuen, Dinge, die nicht in Ordnung sind, zu bereinigen. Wir wollen bestätigt werden und fürchten uns davor, in Frage gestellt zu werden. Wir wehren uns gegen Kritik, obwohl wir wissen, dass wir Korrektur und Neuanfang dringend brauchen. Einige von uns sind auch stark Herzinfarkt gefährdet. Sie fühlen sich ständig unter Druck, Jesus zu gefallen und alles richtig zu machen. Sie wollen mit ihrer Leistung imponieren und vergessen, dass Jesus sie in der Wandergruppe zum Ziel führen wird, ohne dass sie ihm ein Erfolgsprogramm vorzuweisen brauchen. Sie vergessen, Jesus wirklich zu hören und ihm zu vertrauen. Man sagt über sie, dass sie sich so für Jesus einsetzen, aber wollte Jesus das gerade von ihnen?

Wir alle sind von solchen Löwen bedroht. Was uns hilft, ist das „Achtung“-Schild Jesu. Die Löwen sind nicht stärker als unser Wanderführer. Aber wir sollten den Kampf mit ihnen nie allein aufnehmen, dann werden wir unterliegen. Lassen wir Jesus für uns kämpfen. Er wird uns aus ihren Fängen lösen.

Kapitel 5: Die erleuchtete Berghütte

1 Petrus 5,10-11

„Ihr müsst jetzt für eine kurze Zeit leiden. Aber Gott hat euch in seiner großen Gnade dazu berufen, in Gemeinschaft mit Jesus Christus für immer in seiner Herrlichkeit zu leben. Er wird euch Kraft geben, so dass euer Glaube stark und fest bleibt und ihr nicht zu Fall kommt. Ihm gehört die Macht für alle Zeiten. Amen!"

Der Weg ist nicht das Ziel. Der Weg ist eine Bewährung, eine Schulung, er ist zeitlich begrenzt. Das Ziel ist, in der bleibenden Gemeinschaft mit Gott zu leben, seine starke Hand unter sich und über sich zu spüren, von äußerem und innerem Druck befreit zu sein und keinen Rucksack mehr auf dem Rücken zu tragen. Das Ziel wird sein, dass Gott alles in allem sein wird und seine Liebe uns in seine Gemeinschaft einbezieht. Wir werden frei, ihn zu loben und für ihn da zu sein ohne jeden Seitenblick darauf, ob auch für uns genug dabei abfällt. Dieses Ziel weist uns schon jetzt den Weg, wie die erleuchtete Berghütte schon von weitem die Orientierung gibt. Seine Kraft ermächtigt uns, die Hände zum Gebet zu falten, zur Fürbitte zu heben und zur Hilfe zu reichen. Er befähigt uns, trotz aller Löwen von außen und innen bei Jesus zu bleiben und uns ihm anzuvertrauen.

4 Jesus – bewegt

4.1 Zur Umkehr

4.1.1 Gott greift ein (Joel 2,12-14)

Beim Lesen eines Buches stieß ich auf die mehr als 100-jährige Geschichte einer Lokomotive. Sie steht heute in Namibia mitten in einer Sandwüste nahe der Stadt Swakopmund. Zu jener Zeit hatte ein Oberstleutnant den Traum, eine Eisenbahnlinie durch das damalige Südwestafrika zu verlegen, um unabhängig von Ochsenkarren zu werden und die Transportleistungen zu verbessern. So plante er eine Eisenbahnstrecke quer durch die Wüste. Bei einem Heimaturlaub in Deutschland kaufte er die Dampflok und ließ sogar den Lokomotivführer mitreisen. Doch erwies sich das Projekt als undurchführbar. Um die Lok zu betreiben, brauchte man viel zu viel Wasser, das erst mühsam in die Wüste gebracht werden musste. So blieb die Lokomotive gerade mal 30 km vom Hafen entfernt für immer stehen, ohne Gleise und ohne Bahnhof. Als sie langsam im Sand versank, sagten gläubige Südwestler mit den Worten Martin Luthers über sie: „Hier stehe ich, ich kann nicht anders, Gott helfe mir!“.

Doch im Unterschied zu Martin Luther, der vor dem Reichstag zu Worms 1521 sein damals neues Verständnis der Rechtfertigung durch Gott vertrat und damit eine völlig neue Epoche des Glaubens einleitete, blieb die Bahn ohne Zukunft. Sie versandete und ist heute ein Denkmal für längst vergangene Tage. Wie steht es mit uns? Sind wir wie diese Lokomotive versandende Christen? Denkmale aus alten Zeiten ohne Gleise zu Gott und den Mitmenschen? Exotisch anzuschauen, aber ohne Leben und Bestimmung?

In meiner täglichen Bibellese habe ich in der zurückliegenden Woche das kurze Prophetenbuch Joel gelesen. Das hat mich gereizt, es mir genauer anzuschauen auch im Blick darauf, dass ich mit Ihnen gemeinsam darüber nachdenken möchte, was es uns zu sagen hat. Dabei ist mir immer wieder das Bild der Lokomotive in den Sinn gekommen. Fragt der Prophet aus alter Zeit uns heute an, ob wir versandende Christen sind wie die Lok „Martin Luther“, die den vollmächtigen Namen des Christus tragen, aber genauso museumsreif im Niemandsland vor uns hin rosten wie die „Martin Luther“ in Namibia?

Doch zunächst zur Situation des Propheten Joel. Politisch hatten gerade die Babylonier die Herrschaft über den Vorderen Orient übernommen. Eine erste Vertreibungswelle ist über Juda und Jerusalem hinweggefegt. Die oberen Zehntausend, wahrscheinlich eher weniger, wurden von ihnen nach Babylon ins Exil geführt. Zurück blieb eine verängstigte Bevölkerung, die versuchte, sich irgendwie vor der herannahenden Katastrophe wegzuducken. Zur politischen Bedrohung kam eine gewaltige Heuschreckenplage, von der der Prophet berichtet. Dürre, Hunger und tiefste Verzweiflung machten sich im Volk breit. Alles war abgefressen, das Saatgut vernichtet, das Vieh verhungert oder verdurstet. Die Nachbarvölker sahen den Zustand Judas, und sie lachten sich ins Fäustchen. Wo war der sagenhafte Gott Israels? Konnte er sein erwähltes Volk nicht beschützen?

In dieser Not trat der Prophet Joel auf. Er deutete auf das Geschehen und erklärte es aus Gottes Perspektive. Die Heuschreckenplage, so sagte er, war von Gott. Sie sollte vor Gottes Gericht warnen und deutlich machen, dass Gott es ernst meinte und von den Israeliten eine Entscheidung für oder gegen ihn forderte. Andererseits drückte der Prophet aus, dass Gott selbst von der Plage getroffen wurde. Er fühlte sich mit den Israeliten auch im Leid verbunden. Die Heuschrecken, die er zugelassen hatte, richteten sich gegen ihn selbst. Und Joel zog daraus den Schluss, dass Gott durch die Plage sein Volk zurückgewinnen wollte. Sie sollten endlich aufwachen und ihn wieder wahrnehmen, der nichts anderes wollte, als ihr Vertrauen und ihren Gehorsam ihm gegenüber.

Gott forderte nicht die Buße für einzelne Sünden, die jeder irgendwie begangen hatte, sondern er wollte die Umkehr des ganzen Menschen. So heißt es:

Joel 2,12-14

„Doch auch jetzt noch, spricht der HERR, bekehret euch zu mir von ganzem Herzen mit Fasten, mit Weinen, mit Klagen! Zerreißet eure Herzen und nicht eure Kleider und bekehret euch zu dem HERRN, eurem Gott! Denn er ist gnädig, barmherzig, geduldig und von großer Güte, und es gereut ihn bald die Strafe. Wer weiß, ob es ihn nicht wieder gereut und er einen Segen zurücklässt, so dass ihr opfern könnt Speisopfer und Trankopfer dem Herrn, eurem Gott." (Luther-Übersetzung)

Gott rang um die Herzen der Israeliten, ihm ging es nicht um äußerliche Bußrituale wie das Zerreißen von Kleidern. Das ganze Herz sollte ihm gehören. Man kann sich nur schwer vorstellen, wie ein Zerreißen des Herzens aussehen könnte. Vielleicht lässt sich das so verstehen, dass man sein Herz von allem abreißt, das Gottes Stelle einnimmt, Gedanken bindet, auf Abwege führt, in Lüge und der Gier nach mehr mündet. Das Herz von den falschen Göttern abzureißen, forderte Gott, um ihn wieder neu ins Herz einziehen zu lassen. Erst am Tiefpunkt der Not, im absoluten Keller war das möglich. Da war der einzige Haltegriff die Erinnerung an Gottes Gnade, Barmherzigkeit, Geduld und

Güte. Doch der Prophet leitet daraus keinen Rechtsanspruch ab. Gott musste nicht gnädig und barmherzig sein. Die Israeliten konnten Gottes Vergebung nicht einklagen. So ist es nur zu gut verständlich, dass Joel ein „wer weiß?“ einfügte, statt vollmundig gleich davon zu sprechen, dass Gott schon vergeben würde. Doch er ermutigte seine Landsleute, mit der Umkehr ernst zu machen und in Gottes Arme zu rennen. Dort sollten sie ihren Herrn daran erinnern, was er versprochen hatte.

Joel heute

Wie aus längst vergangenen Zeiten scheinen die Worte des Propheten auf den ersten Blick zu sein. Doch in den politischen Nachrichten taucht der Begriff der Heuschrecken in diesem Jahrhundert häufiger auf. Gemeint sind nicht die langbeinigen, springlebendigen und sehr gefräßigen Kreaturen, sondern Formen der Kapitalbeteiligung, die kurzfristigen Gewinn versprechen und die Unternehmen sterben lassen. In Zeiten von Wirtschaftskrisen spielen Heuschrecken eine Rolle. Zwar handelt es sich nicht um eine Naturkatastrophe, sondern um selbst gemachte Plagen, aber zurück bleibt hier wie dort Not, Verteilungskampf und große Unsicherheit. Die alten Sicherheiten sind dahin, worauf und auf wen ist noch Verlass?

Die spannende Frage ist, wie wir Christen uns in dieser Situation verhalten. Es gibt verschiedene Möglichkeiten. Wir ducken uns weg, solange es uns nicht trifft. Wir warten auf bessere Zeiten. Wir ignorieren die Probleme solange, bis auch wir vom Strudel der Krise mitgerissen werden. Wir jammern und klagen auf der Straße und in der Kneipe, ohne etwas verändern zu wollen. Wir bringen die eigenen Schäfchen ins Trockene, solange es noch geht.

Joel ruft zur Umkehr

Joel zeigt uns eine andere Verhaltensweise auf, die mich sehr nachdenklich macht. Er ruft zur Buße auf, zur neuen und ganzen Hinkehr zu Gott mit vollem Herzen. Er ruft alle zusammen, um eine gemeinsame Fastenzeit anzusetzen, auch Kinder, Alte, Brautleute sollen daran teilnehmen. Jede und jeder kann bei sich mit dieser Umkehr anfangen. Diese Hinkehr zu Gott geschieht bei uns durch ein neues Ja zu Jesus Christus. Die Verbindung zu ihm soll wieder an die erste Stelle rücken. Dass diese Verbindung lebt, merken wir daran, dass unsere Lokomotive nicht Ausstellungsstück mitten in der Wüste ist, sondern auf Gleisen steht, die Austausch gewähren. Es genügt die einfache sehr persönliche Rückfrage: Was habe ich in der letzten Woche Neues von Gott gelernt? Konnte ich es umsetzen? Hat mich Gottes Erbarmen dazu befähigt, Schienen zu denen zu bauen, die meine Hilfe brauchten? Und wenn nein, warum nicht? Weil es von Gott her nicht dran war, oder weil ich zu faul, zu beschäftigt, zu abgelenkt war?

Gottes Zusage wird durch Jesus Christus wiederholt und bestärkt. Er selbst steht dafür ein. Gott ist gnädig, barmherzig, geduldig und von großer Güte. Er hat seinen Sohn geschickt, um uns aus dem Elend der Heuschrecken dieser Welt herauszuholen. Aber Jesus sagt deutlich, dass dieses Erbarmen keine warme Wolldecke ist. Mir fallen in letzter Zeit oft die Wolldecken auf, die auf den Terrassenplätzen von Cafés liegen. Es wäre so schön, wenn wir in kälteren Zeiten einfach da sitzen bleiben könnten, wo wir uns gemütlich eingerichtet haben mit allen wichtigen Themen, die uns ständig beschäftigen, und Gott legt einfach seine warme Erbarmendecke um uns. Wir müssen nichts an unserer Lebensweise ändern, Gott lässt es warm um uns sein, alles könnte weitergehen wie bisher. Aber so funktioniert es nicht. Gott hat ein warmes Haus, in dem ist ganz viel Platz für uns. In diesem Haus allerdings wohnt nur er, kein Mammon, keine Sucht und sei sie noch so heimlich, kein innerer Sklaventreiber, kein Gefühl, etwas zu verpassen. In diesem Haus wohnt Gott und begegnet uns in seinem Sohn. Er will uns in diesem warmen Haus willkommen heißen. Was uns belastet, können wir an der Schwelle ablegen. Es wird entsorgt. Doch um in dieses Haus zu kommen, müssen wir aufstehen von den Outdoor-Plätzen auf der Terrasse. Wir müssen loslassen und bereit werden, uns von Gott in seine Richtung führen zu lassen.

Die Israeliten konnten das offenbar nicht. Denn wenige Jahre später kam es noch schlimmer. Nicht Heuschrecken, sondern Babylonier fegten gnadenlos über das Land und rissen alles nieder, wie es Joel vorhergesagt hatte. Jesus ist gekommen, um uns aus dieser tödlichen Bedrohung zu retten. Es wäre fatal, wenn wir sitzen bleiben würden, als sei nichts geschehen. Nein, es ist Zeit zur Buße und Reue, wird nicht Gott im Mittelpunkt unseres Lebens steht, sondern immer wieder wir selbst.

Jesus sagte in der Bergpredigt: „Trachtet zuerst nach Gottes Reich, so wird euch alles andere zufallen“ (Matthäus 6,33). Vorher warnte er vor Schätzen, die von Gott abbringen konnten, und der Sorge, die Gottes Möglichkeiten außen vor ließ. Er nahm die Vögel als Beispiel, die nicht säten und nicht ernteten und doch von Gott ernährt wurden. So, sagte Jesus, würde es auch denen gehen, die sich nach Gott ausrichteten und ihn in den Mittelpunkt stellten. Doch was heißt eigentlich, dass ihnen dann alles zufallen wird? Im ersten Moment sehe ich alle meine Wunschträume erfüllt. Alles – das heißt ein glückliches Leben, eine gelingende Partnerschaft, wunderbare Kinder, einen spannenden und gut bezahlten Job, der um 17 Uhr beendet ist, genug Geld für Urlaube, keine Krankheiten – die ganze Palette von „Ich wünsche mir…“. Doch das sagt Jesus nicht. Alles bezieht sich auf die Vögel. Die haben ein windiges Nest, müssen ihre Würmer oft recht mühevoll suchen, sind bedroht von Feinden und Krankheiten. Aber Gott sorgt dafür, dass sie das Lebensnotwendige haben und ihrer Bestimmung in der Schöpfung gemäß leben. Gott verspricht, dass er alles schenken wird, was wir zum Leben mit ihm brauchen. Das kann ganz schön wenig sein und sieht sicher bei jedem etwas anders aus. Aber es hilft, uns von den Wunschkatalogen zu verabschieden, die uns vorgaukeln, wahres Leben muss in allem perfekt sein. Wahres Leben, das sagt Jesus, ist nur möglich mit Gleisen, die zu Gott führen und von ihm die Richtung zum Weiterfahren erhalten.

Die Gleise auslegen

Weiterfahren, weiter die Gleise auslegen, bedeutet für mich mindestens dreierlei.

Seiner Bestimmung gemäß zu leben. Den Tag zu beginnen mit dem Satz: Herr, was willst du heute von mir? Wo brauchst du mich? Wovor willst du mich bewahren?

In der Gemeinde zu leben. So unglaublich es ist, Jesus zeigt sich in der Gemeinde, wird in ihr erfahren und will mit der Gemeinde Gottes Liebe in die Welt tragen. Das ist eine harte Lektion für uns, die wir viel lieber alles allein machen und einen Logenplatz bei Gott haben wollen. Aber wir sind unlösbar verbunden mit der Gemeinde Jesu. Hier spielt sich Nachfolge ab, hier entdecken wir, wo der eigene Weg zusammen mit den anderen hingeht.

Leidenschaft entwickeln. In dem Wort steckt Leiden, Passion. Leidenschaft für Jesus bedeutet, dass wir auch durchhalten, wenn es schwer wird, die Umstände widrig werden, die Heuschrecken alles kahl fressen. Leidenschaft zeigt sich praktisch. Gibt es ein Gebiet, eine Tätigkeit, ein Thema, wo ich mit vollem Herzen dabei bin und ganz deutlich Jesu Ruf höre, der mich genau da haben will? Blocke ich ab, oder lasse ich es zu? Gebe ich mich hinein, auch wenn andere über mich lachen oder mich nicht verstehen können?

Joel schärft den Blick auf Gottes Ringen um uns. Not muss nicht ausgehalten, wegdiskutiert oder einfach nur bejammert werden. Not ist ein Alarmsignal. Gott möchte unseren Blick wieder auf sich gerichtet wissen. Und wir tun gut daran, in diesen Wochen und Monaten Zeugnis zu geben, dass Christen mit ihrem Glauben kein Museumsstück in Namibia sind, das langsam versandet, sondern dass wir Gospeltrains sind, Lokomotiven, die das Evangelium von Jesus Christus zu den Menschen bringen, die so nötig die Botschaft vom warmen Haus brauchen, wo der Vater auf sie wartet, um sie in seine Arme zu schließen.

4.1.2 Sauber oder rein? (1 Johannes 1,5-2,2)

Aus meiner Kindheit ist mir ein Waschmittel in besonderer Erinnerung geblieben, es ist Ariel. Dieses Waschmittel wurde von Frau Clementine sehr wirkungsvoll vorgestellt. Sie behauptete, dass herkömmliche Waschmittel nur sauber wuschen, doch Ariel wusch porentief rein. Ich glaubte das damals. Mir war durch diese Werbung völlig klar, dass kein anderes Waschmittel so wirksam den

Schmutz bekämpfen konnte und es sehr erstrebenswert war, nicht nur saubere, sondern reine Wäsche zu tragen.

„Gott ist Licht“, so beginnt der erste Johannesbrief. Gott ist rein, durch und durch, kein Flecken ist an ihm. Und die, die mit ihm leben, haben teil an seiner Reinheit. Sind damit auch sie porentief rein?

1 Johannes 1,5-2,2

„Gott ist Licht, in ihm gibt es keine Spur von Finsternis. Wenn wir behaupten, Gemeinschaft mit Gott zu haben, und gleichzeitig im Dunkeln leben, dann lügen wir und tun nicht, was der Wahrheit entspricht. Leben wir aber im Licht, so wie Gott im Licht ist, dann haben wir Gemeinschaft miteinander, und das Blut, das sein Sohn Jesus für uns vergossen hat, reinigt uns von jeder Schuld. Wenn wir behaupten, ohne Schuld zu sein, betrügen wir uns selbst, und die Wahrheit lebt nicht in uns. Wenn wir aber unsere Verfehlungen eingestehen, können wir damit rechnen, dass Gott treu und gerecht ist: Er wird uns dann unsere Verfehlungen vergeben und uns von aller Schuld reinigen, die wir auf uns geladen haben. Wenn wir behaupten, nie Unrecht getan zu haben, machen wir Gott zum Lügner, und sein Wort lebt nicht in uns.

Meine lieben Kinder, ich schreibe euch dies, damit ihr kein Unrecht tut. Sollte aber jemand schuldig werden, so haben wir einen, der beim Vater für uns eintritt: Jesus Christus, den Gerechten, der ohne Schuld ist. Durch seinen Tod hat er Sühne für unsere Schuld geleistet, ja sogar für die Schuld der ganzen Welt.“ (Gute Nachricht)

Verhaltensweisen in der Gemeinde

Der Apostel zeigt im ersten Teil dieses Abschnittes drei Verhaltensweisen in der Gemeinde auf, die nur auf „sauber“, nicht aber auf „rein“ hindeuten.

Der erste Fall: Jemand hat ein weißes T-Shirt an und darüber einen Pullover mit V-Ausschnitt. Niemand von uns bezweifelt, dass das T-Shirt sauber ist. Schon dieses kleine Stück, das beim V-Ausschnitt hervorleuchtet, lässt ein blütenreines T-Shirt vermuten. Doch vielleicht wird es in der nächsten Stunde sehr heiß. Der Träger entledigt sich seines Pullovers und, o Schreck, das T-Shirt ist über und über mit Flecken übersät. Nur der vorher sichtbare Teil ist sauber.

Offenbar gab es in der Gemeinde, an die der 1 Johannesbrief gerichtet ist, Leute, die von sich behaupteten, sie hätten keine Sünde begangen, nachdem sie zum Glauben gekommen sind. Doch wehe, wenn man sie näher kennen lernte und sie in einem unbedachten Augenblick ihre Geheimnisse preisgaben. Da war viel, das Gottes Willen widerstand und zu dem makellosen Erscheinungsbild eines Christen nicht passte.

Der zweite Fall: Ein anderer trägt ein weißes T-Shirt, das offensichtlich schon bessere Zeiten gesehen hatte. Es ist leicht gräulich eingefärbt, man würde es schmuddelig nennen. Doch der Träger bewegt sich, als wäre mit dem Hemd alles in Ordnung. Er sagt, dass das Hemd schon immer so aussah und garantiert so sein soll. Wer ihn so reden hört, schüttelt den Kopf und bedauert seine Selbsttäuschung.

Auch in der Gemeinde gab es Leute, die ihren gräulichen Lebenswandel völlig in Ordnung fanden. Sie wunderten sich, dass andere Anstoß an ihrer Lieblosigkeit nahmen. Die mussten wohl verkehrt liegen. Sie hatten doch keine Schuld auf sich geladen.

Der dritte Fall: Jemand trägt ein schmutziges Hemd und brüstet sich damit, dass dieses Hemd einmal mit Ariel gewaschen wurde und nun nie wieder einen Waschgang braucht. Die wahre Kraft des Ariel würde nie verschwinden und schließlich käme es auch beim Hemd auf die inneren Werte an, und die sind seitdem eben porentief rein.

Solch einen Typen gab es auch in der Gemeinde. Er lebte als Getaufter völlig losgelöst von irgendwelchen Geboten oder Verhaltensregeln, die Christen von Jesus bekommen hatten. Er nahm für sich in Anspruch, immer korrekt zu handeln, weil er getauft war. Wer ihn eines Unrechts beschuldigte, lag falsch.

Der Apostel ging diese Leute sehr hart an. Er erkannte, dass sie Gott zum Lügner machten. Denn sie verleugneten durch ihre Lebensweise, dass Jesus Gottes Reinheit, sein Licht in diese Welt gebracht hat, um die Dunkelheit zu vertreiben. Sie brauchten Jesus gar nicht, weil sie keine Vergebung wollten. Doch genau das ist das Angebot, das Gott mit Jesus jedem Menschen macht.

Es ist ein heiliges Erschrecken, wenn ich die drei Fälle auf mich wirken lasse. Sie sind mir auf einmal sehr nah, ich kann mich sogar in ihre Reihen einfügen. Ich behaupte, mit Jesus zu leben, aber meine erste Priorität bin ich selbst. Unterschwellig frage ich mich bei allen Aktivitäten: Was bringen sie mir? Welchen Gewinn habe ich davon? Wenn ich mich in der Gemeinde einbringe, was nützt es mir, meinen Freunden, denen, die ich in besonderer Weise im Blick habe? Ich täusche mich selbst mit der Annahme, dass bei mir alles in Ordnung ist. Ich proklamiere Jesus an meiner Seite und merke gar nicht, dass er über mich weint. Gerade habe ich wieder jemand verletzt durch meine Art. Gerade habe ich mich der Gemeinschaft entzogen, die meinen Rat brauchte, weil ich keine Lust dazu hatte. Gerade habe ich wieder neu den Groll gegen die Sowieso gespürt, die mir letztes Jahr mein Geld nicht zurückgegeben hat. Gerade habe ich mich an einem Gespräch beteiligt, das ich ganz und gar nicht veröffentlichen würde. Da sind hässliche Worte über Max Mustermann gefallen, weil er unsere Ziele nicht teilt.

Und bin ich nicht genauso hochmütig und höre beim Thema "Sündenvergebung" besonders für die anderen? Sofort fällt mir ein, wer sich in letzter Zeit nicht beim Kirchenputz beteiligt hat, zu wenig in der Gemeinde tut, offensichtlich mit Geld um sich wirft, aber beim Sponsern der Kinder sehr zurückhaltend ist. Ja, diese Leute brauchen Sündenvergebung und Neuanfang, ich nicht.

Der Apostel sagt, „wir" leben nicht im Licht, solange wir Jesus nicht unsere Sünden, unser Versagen und unsere Schuld an der Gemeinschaft hinlegen. Dazu gehört alles, was die Gemeinschaft der Gemeinde zerstört, alles, was die Gemeinschaft von zwei Christen zerstört, alles, was ein Christ in dieser Welt zerstört. Kein Behaupten, Selbst-Täuschen oder Beschönigen hilft, sondern allein Jesus Christus, ohne ihn sind wir verloren. Christen sind keine besseren Menschen mit reineren T-Shirts, sondern Menschen, die von Jesus abhängen und seiner Fürsorge, die rein macht.

Jesus ist Vergebungs-Wirklichkeit

Im zweiten Abschnitt redet der Apostel in einem ganz anderen, viel milderen Ton. Er wendet sich von den Leuten ab, die Jesus durch ihr Verhalten mit Füßen treten und wendet sich denen zu, die er als seine Kinder bezeichnet, den Teil der Gemeinde, der seine Autorität anerkennt. Ganz anders als im ersten Abschnitt lautet seine Hauptthese nun nicht mehr, dass jede und jeder vor Gott Sünderin und Sünder ist, sondern dass das Ziel der Gemeinde ist, rein zu sein. Die Gemeinde soll darauf hinstreben, in Einheit mit Jesus Christus zu leben und diese Einheit auch miteinander zu praktizieren.

Doch der Weg dahin ist entscheidend. Wir schaffen das nicht durch Wunschdenken, durch Waschgänge und intensives Verhaltenstraining. Wir können diese Reinheit nur in einer Lebensgemeinschaft mit Jesus Christus bekommen. Der 1 Johannesbrief stellt das in wenigen Worten klar heraus. Jesus hat als Sündloser unsere Sünde auf sich genommen. Er tritt für uns als Anwalt ein. Wir stehen vor Gott und der deutet auf die Ereignisse unseres Lebens, die Flecken verursacht haben. Die Konsequenz ist klar. Wer mit Flecken übersät ist, kann nicht neben dem reinen Gott bestehen. Doch Jesus schiebt sich dazwischen. Er hebt seine Hände Gott hin und deutet auf die Nägelmale. Er sagt: „Hier, Vater, sieh die Wunden, die ich für Erika Musterfrau ertragen habe. Ich bin für Erika Musterfrau gestorben. Ich bitte dich, weil du Erika Musterfrau genauso liebst wie mich. Lass mich ihm mein fleckenloses Hemd geben. Sie soll leben. Sie hat es nicht verdient, aber sie vertraut mir."

Vergebung annehmen

Was tut Erika Musterfrau in dieser Situation? Wird sie sich heimlich die Hände reiben und frohlocken, dass sie das ja schon immer wusste, dass Gott ihr vergeben würde? Wird sie gelangweilt weiter sündigen, weil sie sich des guten Ausgangs ja sicher ist? Die drei Fälle der Gemeinde damals haben sich so verhalten, aber der Apostel erwartet eigentlich eine andere Reaktion. Er erwartet, dass Erika Musterfrau Jesus um Vergebung bittet. Das Bekenntnis der Verfehlung hat durchaus auch öffentlichen Charakter. Es ist nicht nur ein Geschehen zwischen ihr und Jesus, sondern betrifft auch die Gemeinschaft, die sie zerstört hat. Dort ist der Ort des Bekenntnisses und der Vergebung.

Wo ist dieser Ort bei uns? Haben wir einen Freund, eine Freundin, die uns die Beichte abnimmt, die uns die Vergebung Jesu zuspricht? Ist in einer Kleingruppe ein geschützter Ort, um auch Verfehlungen zu bereinigen und zu neuer Gemeinschaft zu finden? Gibt es in der Ehe eine Zeit der Vergebung, wo eine dem anderen bekennt, wo sie lieblos gehandelt hat und verletzend reagiert hat? Das Bekenntnis erdet unser Verhältnis zu Gott. Es zeigt uns wieder neu den Platz, an dem wir vor Gott stehen. Wir werden nie von ihm unabhängig. Wir können Jesus nie abhaken, er bleibt unser Anwalt, der das Leben wieder zurechtrückt.

Weiter erwartet der Apostel, dass wir Jesu Vergebung annehmen, nicht nur erbitten. Er vergibt wirklich und es verändert sich dadurch tatsächlich alles. Manchmal ist unsere Haltung zur Vergebung ganz anders. Da schütteln wir müde und resigniert den Kopf und denken, ach, es ändert sich doch nichts, es menschelt eben auch unter Christen. Da macht die Vergebung durch Jesus auch keinen Unterschied. Und wie oft haben wir selbst schon Vergebung zugesprochen bekommen, und nichts hat sich geändert. Der Apostel gibt sich mit solcher Haltung nicht zufrieden. Vergebung ist eine Wirklichkeit. Er stellt uns das Ziel der Gemeinde vor Augen. Sie ist rein, weil Jesus sie reinigt. Jeder Flecken stört. Bin ich die Verursacherin, sollte ich schnellstens Vergebung suchen und den Fleck entfernen lassen. So kann sich wirklich etwas ändern.

Wären die Menschen, denen Jesus vergeben hatte, geblieben, wie sie vorher waren, wären uns keine Geschichten von Zächäus, der Sünderin, dem Gelähmten erzählt worden. Denn ein Zachäus, der einmal Geld zurück gibt und danach genauso betrügt wie vorher, wäre kaum erwähnenswert gewesen. Von einer Sünderin, die nach der Jesusbegegnung wieder ihre Tätigkeit im Bordell aufnahm, hätte die Bibel nicht als großem Vorbild gesprochen. Von einem Gelähmten, der eine halbe Stunde geheilt herumlief und sich dann wieder auf die Trage legte, um nie mehr selbstständig aufzustehen, hätte man nichts überliefern müssen.

Sündenvergebung hat Auswirkungen. Sie lässt die Gemeinde eine Gottesgemeinschaft sein, und sie öffnet die Gemeinde für die Welt. Das ist ihr Auftrag, den Menschen auf den Straßen und in den Häusern Vergebung Jesu nahe zu bringen, um nicht an der Schuld zu ersticken.

Ich kann vom 1 Johannesbrief viel lernen:

Auch mein Hemd hat Flecken, ob ich es vertusche, wahrhaben will oder nicht. Ich muss mir manchmal helfen lassen, sie zu entdecken. Ich kann sie Jesus anvertrauen und ihn um Vergebung bitten. Ich bin es der Gemeinschaft, die ich zerstört habe, schuldig, dass ich zu meiner Schuld stehe und sie bekenne. Ich darf die Vergebung annehmen und wie ein neues Hemd anziehen. Ich werde Jesus danken und anderen von ihm erzählen.

Das Ziel Jesu ist, dass die Gemeinde mit Gott zusammen lebt und teil hat an seiner Reinheit. Das bedeutet, dass ich meinen Teil dazu beitrage.

4.2 Zu neuem Vertrauen

4.2.1 Leben im Licht (Epheser 5,8-14)

Im Garten unserer Nachbarn steht eine Solarlampe. Sie wird von Sonnenlicht gespeist, speichert die Energie und gibt sie als Licht wieder ab. Für mich ist diese Gartenlampe ein Bild für unser Sein in Christus. Wir sind erwählt und erlöst. Wir stehen im Licht. Der Heilige Geist ermächtigt uns, das aufgenommene Licht weiterzugeben. Gott will, dass wir in seinem Licht stehen, sein Licht aufnehmen, speichern und es an unsere Umgebung weitergeben.

Der Apostel hatte dies zum Thema des Epheserbriefes gemacht. Er sah die große Möglichkeit der Gemeinde, die ihre heidnische Vergangenheit hinter sich gelassen hatte. Sie konnte sich ganz von Jesus Christus prägen lassen. Er sah aber auch die Gefahr für diese Gemeinde, dass sie ihr Licht selbst auslöschte, sich dem Vergangenen wieder anpasste, sein wollte wie alle in ihrer Umgebung. Deshalb wählte der Apostel deutliche Worte: Ihr seid Licht, lebt nun auch als Menschen des Lichts!

Epheser 5,8-14

„Jetzt seid ihr Licht, weil ihr mit dem Herrn verbunden seid. Lebt nun auch als Menschen des Lichts! Aus dem Licht erwächst als Frucht jede Art von Güte, Rechtschaffenheit und Treue. Fragt immer, was dem Herrn gefällt! Beteiligt euch nicht an dem finsteren Treiben, das keine Frucht hervorbringt. Im Gegenteil, deckt es auf! Man muss sich schämen, auch nur zu nennen, was manche heimlich tun. Wenn es aber vom Licht, das ihr ausstrahlt, aufgedeckt wird, kommt es ans Licht.

Und was ans Licht kommt, wird selbst Licht. Darum singen wir: „Wach auf, du Schläfer! Steh auf vom Tod! Und Christus, deine Sonne, geht für dich auf." (Gute Nachricht)

Menschen des Lichts

Als Menschen des Lichts zu leben, lässt uns durchlässig nach zwei Seiten sein, hin zu Gott, der uns in sein Licht stellt, und hin zu unseren Mitmenschen, die von diesem Licht durch uns erreicht werden. Als eine solche Solarlampe haben wir auf drei Faktoren zu achten:

Wir sind abhängig von der Lichtquelle Gott. Nichts darf zwischen Gott und uns stehen, sonst bleiben wir im Schatten und können keine Lichtenergie aufnehmen. Auf engste Gemeinschaft ist zu achten.

Wir müssen Sorge tragen, selbst intakt zu sein. Unsere Solarzellen müssen funktionieren, die Leitungen müssen in einwandfreiem Zustand sein.

Um uns herum muss etwas sein, dem wir Licht geben können, das unser Licht braucht.

Paulus hat für sich selbst seine Existenz nach dem Zeugnis der Apostelgeschichte so beschrieben: „Was liegt schon an meinem Leben! Wichtig ist nur, dass ich bis zum Schluss den Auftrag erfülle, den mir Jesus, der Herr übertragen hat." (Apostelgeschichte 20,24)

Bringt Frucht!

Um dem Auftrag Jesu nachzukommen, ist es notwendig, mit einer Inspektion bei uns selbst anzufangen. Sind unsere Prioritäten dementsprechend gesetzt? Geht es uns im innersten Herzen darum, für Jesus zu leben und ihm mit unserem Alltag ein Loblied zu singen?

Ich will das wirklich, aber ich merke, dass ich auch noch anderes will. Ich gebe mich nicht zufrieden mit dem, was ich habe. Ich möchte weiterkommen, mich weiterentwickeln. Aber das nicht unbedingt, um Jesus eine Freude zu machen, sondern um mit anderen mitzuhalten, meinen Ehrgeiz zu befriedigen, von anderen Beifall zu bekommen. So geht es mir nicht immer darum, meine Solarzellen auf Jesus, das Licht, auszurichten, sondern auf andere Lichtquellen. Beifall anderer kann solch eine scheinbare Lichtquelle sein. Meine Energien setze ich darauf, erfolgreich zu sein, von anderen gut angesehen zu werden und möglichst nicht anzuecken. Zwar wundere ich mich hin und wieder, dass ich so atemlos werde, abends erschöpft in den Schlaf sinke und morgens mit einem Stein auf dem Herzen aufwache, doch ich merke nicht, dass es an meiner falschen Energiequelle liegt. Ich merke nicht, dass der Beifall kommt, weil andere mich ausnutzen, auf meine Kosten leben, sich innerlich über mich lustig machen. Klappe ich endgültig zusammen, sind alle Bewunderer verschwunden, die scheinbare Lichtquelle bleibt dunkel.

Auch ist mir klar, dass ich ein Durchlaufposten für die Liebe, das Licht Jesu bin. Doch auch da muss ich mich selbst kritisch unter die Lupe nehmen. Manche Verbindungen zwischen Jesu Licht und dem Licht, das ich weitergeben soll, sind morsch und brüchig geworden. Es ist mir kaum aufgefallen, wie sehr ich mich bemühe, Licht zu bekommen und wie wenig ich davon weitergeben will. Meine Gebete sind lange To-Do-Listen für Jesus: „Jesus, schenke mir! Jesus, gib mir! Jesus, ich brauche! Jesus, lass mich nicht hängen!" Ich kreise um mich selbst. Ich bin unersättlich, sein Licht aufzunehmen, aber ich verschwende wenig Energie, dieses Licht abzugeben. Bin ich mit anderen Christen zusammen, fällt das kaum auf, sie geben ja auch etwas Licht ab, da wird es dann in Summe schon heller. Bin ich an meinem Arbeitsplatz, sieht es ganz anders aus. Da bin ich inkognito, wen geht mein Glaube etwas an. Was gehen mich die Anderen an. Warum sollte ich mich mit ihren Problemen behängen. Warum sollte ich mich in ihr Leben einmischen.

Der Epheserbrief deckt diesen Zustand in mir drinnen auf. Er erinnert mich, dass ich Verantwortung für mich selbst trage und sehr wohl Einfluss darauf habe, ob Licht in mich eindringt und Licht von mir ausstrahlt. Er fragt nach der Frucht, nach dem Auftrag meines Lebens. Drei Begriffe können diese Frucht verdeutlichen: Güte, gerechtes Verhalten, Treue. Sie zeigen die Richtung an, in der ich meinen Alltag führen kann, in der Offenheit für Gott und die Mitmenschen.

Fragt, was dem Herrn gefällt

Wenn die Solarlampe nur alle zwei Tage ins Licht gestellt wird, kann sie in der Nacht kein Licht spenden, sie wird zu wenig aufgeladen. So geht es uns, wenn wir nicht regelmäßig und häufig die Gegenwart Gottes suchen. Und es macht auch wenig Sinn, eine Solarlampe bei Nacht aufladen zu wollen.

Doch genauso mache ich es oft. Ich möchte Gottes Gegenwart nachts erfahren, ich suche ihn auf in den Randstunden meines Alltags, wenn ich eigentlich zu müde bin, um etwas aufzunehmen. Ich versuche Zeit zu sparen für angeblich wichtigere Dinge, und Jesus kommt dann irgendwann in einen Zeitschlitz. Bei der Solarlampe funktioniert das nicht. Bei mir eigentlich auch nicht. Abends um zehn und morgens zwischen Tür und Angel ist mein Kopf wie ein Sieb. Nichts bleibt hängen, nichts kann eindringen in meine Grundhaltung, nichts kann mich verändern.

Es ist nötig, die Gegenwart des Lichtes Jesu dann intensiv aufzusuchen, wenn ich aufnahmebreit, wach und ungestört bin. Wann ist das? Ich merke, dass ich mir dafür bewusst Platz reservieren muss. Niemand übernimmt das für mich. Ich brauche außer einer guten Zeit auch einen guten Platz, an dem ich ungestört bin. Wenn ständig einer was von mir will, das Telefon klingelt, meine Gedanken beim nächsten Programmpunkt sind, kann ich das Licht nicht aufnehmen. Es ist, als würden ständig irgendwelche Gestalten Schatten werfen. Mich von Jesus erfüllen zu lassen, mich von ihm leiten zu lassen, bedeutet auch, Formen zu finden, in denen ich ihm begegne. Für manche ist es das Singen, Beten, die Musik, das Lesen der Bibel, die Gemeinschaft im Hauskreis, ein Spaziergang mit Jesus an der Seite. Für manche ist es intensives Bibelstudium am Schreibtisch, ein Handwerk, bei dem sie Jesus nahe kommen und ihm begegnen. Für mich ist es eine Stunde am Morgen, in der ich in meiner Bibel arbeite und sie mir Jesus erschließt. Wenn ich diese Stunde nicht habe, merke ich das, die Energie für den Tag fehlt, die Solarzellen sind nicht aufgeladen.

Wenn Sie ihre Zeit, ihren Ort und ihre Weise gefunden haben, wie Sie Gemeinschaft mit Jesus Christus leben können, dann erzählen Sie das den Menschen, die mit ihnen leben. Aus dem einfachen Grund, dass diese Leute Sie in dieser Zeit in Ruhe lassen und alles von Ihnen abschirmen, was diese wichtige Begegnung stören könnte.

Der Apostel ermutigt uns, darauf zu achten, was dem Herrn gefällt. Da es kein Rezeptbuch für Christen gibt, erschließt sich das Gefallen Jesu in der Zwiesprache mit ihm und seinem Wort in der Bibel. Gönnen wir uns das Aufladen, dass wir prüfen können, was Jesus von uns hier und heute will.

Deckt auf!

Die Aufgabe der Solarlampe ist es, in dunklen Stunden gespeichertes Licht abzugeben. Das Problem ist, dass wir oft genau mit dieser Aufgabe unsere Schwierigkeiten haben. Hass, unvergebene Verletzungen, Rachegefühle, Probleme mit der Persönlichkeit des anderen lassen unser Licht nicht beim Gegenüber ankommen. Zwar wird niemand von uns ein Schild um den Hals tragen mit der Aufschrift „Ich hasse dich“, doch unterschwellig wirken diese Gefühle auf unser Gegenüber. Eine Frau erzählte, sie hätte große Schwierigkeiten mit einer Bekannten. Sie wolle sie mit Jesus bekannt machen, aber sie könne ihr nicht verzeihen, wie die sie einmal verletzt und ihr Vertrauen missbraucht habe. Ein paar Tage später traf ich zufällig diese Bekannte. Sie erzählte, dass sie Angst vor der Frau habe, sie würde fühlen, dass die sie hasse. Nun, die Frau hasste die Bekannte nicht offensichtlich, im Gegenteil, sie wollte sie zu Jesus führen. Aber bei der Bekannten ist Hass angekommen, nicht Licht von Jesus.

Der Apostel ermutigt uns, die Dunkelheit aufzudecken und ans Licht zu bringen. Er ermutigt uns, Vergebung zu leben und mit uns selbst anzufangen. Jesus sagte in der Bergpredigt (Matthäus 5,23-24, Gute Nachricht). „Wenn du zum Altar gehst, um Gott deine Gabe zu bringen, und dort fällt dir ein, dass dein Bruder oder deine Schwester etwas gegen dich hat, dann lass deine Gabe vor dem Altar liegen, geh zuerst hin und söhne dich aus. Danach komm und bring Gott dein Opfer.“

In die Umgebung zu leuchten, den Auftrag Jesu zu erfüllen und Schuld bestehen zu lassen, funktioniert nicht. Die Schuld, die zwischen Menschen steht, ist der größte Schatten, der Licht vertreibt. So wichtig ist dieser Punkt, dass Jesus ihn ausführlich in seine Lebensregeln für Christen aufnimmt. Natürlich kann es sein, dass der Bruder oder die Schwester das Versöhnungsangebot ausschlägt, doch dann sind klare Verhältnisse geschaffen, und das Licht kann aufdecken und heilen, vielleicht erst nach einiger Zeit. Wir können Gott nicht unser Leben geben und auf der anderen Seite in Schuld verstrickt bleiben. Und nehmen wir die Anweisung Jesu wörtlich, dann gibt es vor dem Kollekteneinsammeln im Gottesdienst wohl ein heiliges Rennen, wo einer zu der anderen geht, um die Hand der Versöhnung zu reichen und das Licht wieder ungehindert scheinen zu lassen. Entlastend, reinigend und hilfreich wäre dieser Spurt vor der Kollekte. Ein neuer Anfang der Mission, wo nichts die Liebe und Erlösung durch Jesus verdunkeln kann.

Wach auf, du Schläfer!

Die Worte des Epheserbriefes ermahnen uns, das Licht Jesu, seine Erwählung, seine Erlösung, seine Kraft durch den Heiligen Geist ganz intensiv, regelmäßig und wach aufzunehmen. Sie ermutigen uns, unseren Standort bewusst bei ihm zu wählen und uns nicht vom Beifall anderer, unserem inneren Ehrgeiz und der Gier nach Mehr weglocken zu lassen.

Sie erinnern uns, dass wir Licht weitergeben sollen und das nur geschehen kann, wenn wir mit unserer Umgebung im Frieden leben und Versöhnung von uns aus initiativ vorantreiben.

Es ist ein wunderbares Leben, das sich uns als Lichtempfänger und Lichtquellen erschließt. Wir sind nicht tot, sondern leben. Wir dürfen den Segen der Sonne Jesus erfahren und in ihm wachsen. Wir dürfen den Auftrag erfüllen, den er unserem Leben gegeben hat: für ihn da zu sein und ihn bekannt zu machen, vor unserer Haustür, wo es sonst dunkel bliebe.

4.2.2 Hoffnung für die Osterinseln (Johannes 3,36)

Bei der Lektüre des spannenden Buches von Jared Diamond, „Kollaps. Warum Gesellschaften überleben oder untergehen“, ist mir ein Merkvers aus der Bibel wichtig geworden:

Johannes 3,36

„Wer an den Sohn glaubt, der hat das ewige Leben.“ (Luther-Übersetzung)

Einfache Wahrheit

Jesus war im Gespräch mit Nikodemus, einem einflussreichen Mann der Jerusalemer Oberschicht, der ihn nachts heimlich aufsuchte, um mehr über Jesus und seine Mission zu erfahren. Kurz darauf sprach Johannes der Täufer mit seinen Nachfolgern über die Bedeutung von Jesus. Jesus fasste beide Gespräche mit kurzen Sätzen zusammen, die eine einfache Wahrheit zum Ausdruck bringen.

Die Menschen leben im Dunkeln, weil sie von Gott und seinem Licht getrennt sind. Statt Gott zu vertrauen, maßen sie sich an, ihr Leben selbst in den Griff zu bekommen oder entwickeln Instrumentarien, die ihnen Sicherheit verschaffen sollen. Neid, Habgier, Stolz, Minderwertigkeitsgefühle und andere Eigenschaften zerstören die Selbstachtung der Einzelnen und zwischenmenschliche Beziehungen mehr und mehr.

Dass Menschen in Dunkelheit leben, wird erst offensichtlich, als Jesus in die Welt kommt. Sein Licht ist Kontrastprogramm. Er gibt Orientierung, befreit von dem Wahn, alles allein zu können und eröffnet Heilung und Gestaltung von Leben und Beziehungen. Johannes der Täufer predigte die Umkehr zu Jesus, die Abkehr von der Dunkelheit, die Reue über ein verfehltes Leben ohne Gott. Denn erst mit Jesus kann ein Mensch seine wahre Bestimmung finden und seinen Platz in der Welt ohne Gefühle des Verlassenseins, der Konkurrenz oder des Hochmuts ausfüllen.

Doch offenbar stürmen nicht alle Menschen zum Licht. Viele ziehen es vor, im Dunkeln zu bleiben. Sie sagen sich: Ich brauche Gott nicht. Ich will und kann allein weitermachen. Ich will mich nicht auf das Unbekannte einlassen. Sie bleiben in der Gottesferne und setzen die Unterschrift unter ihr Todesurteil, abgeschnitten vom Leben Gottes. Dagegen wird es bei denen, die sich in Jesu Gegenwart begeben, hell. Die Sünde hat keinen Nährboden mehr, sie hat nicht das letzte Wort. An dem Tag, an dem sie sich zu Jesus stellen, beginnt für sie die Ewigkeit. Keinen Tag wird es mehr geben, an dem sie nicht von Jesus gehalten sind. Er wird sie festhalten, auch durch den Graben des Todes hindurch, und nie mehr loslassen.

Wir brauchen diese einfache Wahrheit, die uns in jeder Lebenslage trägt.

Wir brauchen Ermutigung, uns wieder ganz ins Licht Jesu zu stellen.

Wir brauchen Korrektur, wo wir uns von der Dunkelheit anziehen oder einschläfern lassen.

Wir brauchen den Blick für die, die noch im Dunkeln gefangen sind und sich nach Jesus sehnen.

Die Osterinsel – ein Beispiel für das Leben in Dunkelheit

Ich möchte Sie einladen, nun mit mir einen Ausflug zur Osterinsel im Südostpazifik zu machen. Die folgenden Beschreibungen der Insel entstammen dem zitierten Buch von Jared Diamond, „Kollaps“. Die Osterinsel liegt isoliert, die nächste bewohnte Insel im Westen ist 2000 km, die chilenische Küste im Osten ist 3700 km entfernt. Die Insel ist vulkanisch entstanden und bildet ein Dreieck von 163 Quadratkilometern. Die ersten Siedler aus dem Polynesischen Raum fanden um 900 n.Chr. ein wahres Paradies vor, dichte Bewaldung, reiche Vegetation, viele Landvögel und genug Süßwasserquellen. Doch innerhalb von wenigen Jahrhunderten brach die Gesellschaft auf der Osterinsel völlig zusammen. Begonnen hatte der Niedergang mit dem Hauen von Steinstatuen, die einflussreiche Ahnen symbolisierten und die Macht des jeweiligen Häuptlings dokumentierten. Je mehr Einfluss er hatte, je mehr Steinstatuen ließ er aufrichten, die an Größe und Gewicht ständig zunahmen. Sie wurden an den Küstenrand gestellt mit Blick ins Landesinnere. Die Folge davon: Immer mehr Menschen wurden für die Produktion gebraucht, ihr Nahrungsbedarf war durch die schwere körperliche Arbeit deutlich gestiegen, immer mehr Holz wurde als Brennmaterial verwendet. Holz wurde auch abgebaut für den Transport der bis zu 200 Tonnen schweren Kolosse über Rollen aus Baumstämmen und Kanus, Baumrinde lieferte Rohstoffe für Seile. Durch die klimatischen Gegebenheiten und den porösen Lavaboden wuchs Wald nicht in gleichem Tempo nach, wie er abgeholzt wurde. Holz wurde immer rarer, die Wildpflanzen der Wälder starben aus, der Boden erodierte, die Landvögel hatten keine Lebensräume mehr, Kanus für den Fischfang konnten ohne Holz nicht mehr gebaut werden, eine Hungersnot breitete sich rasch aus. Die Sippen, die in der Blütezeit noch friedlich nebeneinander her lebten, konkurrierten zusehends. Doch statt die Statuenproduktion einzustellen und sich der Aufforstung zu widmen, wurde umso heftiger gearbeitet, die Statuen der nun verfeindeten Sippen stieß man einfach um, um die eigene Überlegenheit zu dokumentieren. Schließlich, nachdem auch die letzten Landtiere verspeist waren und nur noch Ratten überlebten, begann Kannibalismus, der Mensch fraß den Menschen. Als Captain Thomas Cook 1774 die Insel betrat, stand keine Steinstatue mehr aufrecht, es gab keinen einzigen Baum mehr, und er schilderte die Menschen als klein, mager, ängstlich und elend.

Der Grund für den Kollaps ist laut Diamond in drei Faktoren zu finden:

- Der Bau von Statuen als Prestigeobjekte und in Konkurrenz entwickelte sich unbegrenzt.
- Überlebensnotwendiger Wald wurde für den kurzfristigen Erfolg des Konkurrierens geopfert.
- Die Insel war geographisch isoliert und konnte keine Hilfe von außen in Anspruch nehmen.

Als ich von dieser Insel und ihrer traurigen Geschichte las, kam es mir vor, als ob Jesus ein Gleichnis erzählte. So sieht es doch bei uns aus. Wir investieren in Prestigeobjekte, wir machen uns unsere Götter selbst, die nicht etwa auf die Welt schauen, sondern nur auf uns, um uns den Segen zu geben. Für einen kurzfristigen Erfolg, angesehen und geachtet zu werden, opfern wir langfristige Ziele. Wir brechen Treuegelöbnisse, hetzen von Event zu Event, tun für Geld fast alles. Wir treiben Raubbau mit unserem Leben, mit unseren Beziehungen, unseren Ehen und Familien, opfern Freundschaften und innere Berufungen, um Ansprüchen zu genügen und groß da zu stehen. Doch das Feld ist eng, und so macht sich Konkurrenz breit. Wir stürzen die Statuen der anderen um, indem wir zuerst schlecht über sie denken, dann schlecht über sie reden und oft auch schlecht an ihnen handeln. Dabei werden unser Innerstes, unser Gewissen, unsere Lebensträume und unsere Kreativität so ausgelaugt, dass wir ausgebrannt werden, Konkurs anmelden müssen, lebendig schon tot sind.

Natürlich müssen wir hier innehalten. Bin ich denn eine von denen, die es so weit treiben? Ist diese Aufzählung nicht doch zu plakativ? Und was bedeutet es, Steinstatuen aufzubauen, was sind Steinstatuen bei mir? Die Statuen hatten nur einen Sinn, sie sollten Macht und Einfluss demonstrieren, sie waren reine Prestigeobjekte. Hier liegt für mich der Zugang zu ihrer Bedeutung in meinem Leben. Ich will mir selbst auf die Schliche kommen, was ich tue, um mein Ego zu unterstreichen. Manche dieser Handlungen sind sehr getarnt. Ich möchte eine bestimmte Aufgabe übernehmen, und es sieht aus, als ob es mir darum geht, andere zu entlasten oder den Glauben verstärkt in die Welt zu tragen. Aber eigentlich, im tiefsten Inneren, geht es mir um mich selbst. Ich möchte beliebt und anerkannt sein, es schmeichelt mir, dass ich die Aufgabe übernehmen soll. Ich möchte jemand anderes aus der Aufgabe vertreiben, dem ich gerne etwas heimzahlen möchte. Ich möchte Einfluss gewinnen und dabei größer werden. Wenn ich dies ignoriere, werde ich immer mehr Ressourcen verbrauchen, bis nichts mehr da ist. Der Kollaps steht bevor. Andere fassen sich dann vielleicht an den Kopf und sagen: Wie konnte das geschehen, wo sie doch nur Jesus dienen wollte. Aber Jesus kam ja gar nicht bei meinen Beweggründen vor.

Eine Gemeinde, die aus Mitarbeitern besteht, die in Konkurrenz zueinander treten, wird wie die Osterinsel enden: tot. Eine Gemeinde, die aus Leuten besteht, die privat ihre Schäfchen ins Trockene bringen wollen, die Gemeinde aber nur als Steinbruch missbrauchen, um besser, nämlich mit Gottes Segen, die eigene Statue, Karrriere, Häuserkolonie zu bauen, wird enden wie die Osterinsel: tot. Eine Gemeinde, in der Einzelne leben, die ihre Versprechen vor Gott und den Menschen brechen, um eine kurzzeitige Glückserfahrung zu erhaschen, wird ebenfalls daran zugrunde gehen. Kein Same wird mehr auf dem ausgedorrten Land aufgehen, und kein Schutzraum entsteht für ein Leben mit Jesus Christus.

Wollen wir das? Oder lassen wir uns den Merksatz aus dem Johannesevangelium zu Herzen gehen?

Neuanfang auf unserer Osterinsel

Der Glaube an Jesus Christus rettet uns aus einer verzweifelten Lage. Wir können Jesu Zusage vertrauen. Er liebt uns mit und ohne Prestigeobjekte und Vorzeigestatuen. Um mit ihm zusammen zu sein, brauchen wir uns nicht erst zu positionieren. Auch die Verdienste der anderen lassen uns nicht in einem besseren oder schlechteren Licht erscheinen. Statt unsere Energie zu investieren, größer, einflussreicher, beliebter oder mächtiger in dieser Welt zu werden, können wir die freigewordenen

Stunden nutzen, um mit Jesus zusammen zu sein. Aus der Zeit mit ihm wird uns neue Kraft und Befähigung zuwachsen.

Wir sehen nicht mehr uns im Vergrößerungsspiegel, sondern die anderen, die uns brauchen. Ich übernehme nun eine Aufgabe, weil ich sehe, dass ich genau da gebraucht werde. Ich will mich einbringen, um meiner Gemeinde und dieser Welt etwas Gutes und Notwendiges zu tun. Ich arbeite im Jugendkreis nicht mit, weil es meinem Image gut tut und mich jung erhält, sondern weil ich Jugendlichen die Liebe Gottes nahe bringen will und sie dort am einfachsten aufsuchen kann. Ich kümmere mich um einen Menschen, nicht weil ich von ihm geliebt werden will, sondern weil Jesus ihn liebt und mich in seine Mission einbezieht. Ich trete ins zweite Glied zurück, wenn ich merke, ein anderer Mitarbeiter hat noch viel mehr Möglichkeiten und Zeit, den Jugendlichen Gottes Aufmerksamkeit zu vermitteln. Ich überlasse die Fürsorge für einen Menschen einem anderen, wenn klar wird, er hat mehr Kraft, sich um die Person zu kümmern. Ich lasse gewisse Aufgaben los ohne einen schlechten Beigeschmack, sondern mit Freude, dass sie von anderen weiter getragen, verändert, neu ausgefüllt werden.

Das ist der grundsätzliche Unterschied. Steinmale sind Abbilder des Ego, Jesus aber schickt uns an Aufgaben für die Gemeinschaft, um seine Liebe auszudrücken. Dabei entstehen keine Statuen, sondern neuer Wald wächst, Nutzpflanzen gedeihen und die Ressourcen erschöpfen sich nicht. Jesu Liebe sprudelt, lässt niemand hungrig und durstig bleiben.

Nicht wer Statuen baut, hat Ewigkeit, sondern wer an den Sohn glaubt, hat das ewige Leben.

4.2.3 Das Schönste kommt noch (Johannes 14,1-16)

Ein Freund fragte mich vor ein paar Wochen, wie ich mir das Leben nach dem Tod vorstellte. Er sollte darüber vor einer Gruppe von Christen referieren und war sich nicht sicher, ob seine Vorstellungen stimmten. Wir führten eine angeregte Email-Korrespondenz, die mich zunehmend herausforderte. Denn er gab sich nicht mit ein paar auswendig gelernten Lehrsätzen zufrieden, sondern wollte biblische Belege genannt bekommen und Zusammenhänge wissen, aus denen ich meine Thesen ableitete. Daraus erwuchs das Bedürfnis, mit Ihnen einmal grundsätzlich über das Thema „Sterben, Tod und ewiges Leben“ nachzudenken. Warum sich nicht der sehr persönlichen Frage stellen, wie wir zu Tod und ewigem Leben stehen? Warum nicht auf einen Spickzettel notieren, was für uns unbedingt in den nächsten Tagen dran ist, wenn wir an Tod und Ewigkeit denken?

Als Ausgangspunkt wähle ich Worte Jesu nach dem Johannesevangelium, die zu unserem Thema führen.

Johannes 14,1-6

Dann sagte Jesus zu allen: „Erschreckt nicht, habt keine Angst! Vertraut auf Gott, und vertraut auch auf mich! Im Haus meines Vaters gibt es viele Wohnungen, und ich gehe jetzt hin, um dort einen Platz für euch bereitzumachen. Sonst hätte ich euch doch nicht mit der Ankündigung beunruhigt, dass ich weggehe. Und wenn ich gegangen bin und euch den Platz bereitet habe, dann werde ich zurückkommen und euch zu mir nehmen, damit auch ihr seid, wo ich bin. Den Weg zu dem Ort, an den ich gehe, den kennt ihr ja." Thomas sagte zu ihm: „Herr, wir wissen nicht einmal, wohin du gehst! Wie sollen wir dann den Weg dorthin kennen?" Jesus antwortete: „Ich bin der Weg, denn ich bin die Wahrheit und das Leben. Einen anderen Weg zum Vater gibt es nicht." (Gute Nachricht)

Tod und Auferweckung Jesu

Unser eigener Tod und unsere Zukunftshoffnung haben ihren Grund in Jesu Tod an Karfreitag und Auferweckung zu Ostern. Der Tod selbst ist letztes Ergebnis unserer Trennung von Gott, die im Paradies begonnen hatte. Aus dem Paradies vertrieben zu sein, bedeutete, von dem Baum des Lebens nicht mehr essen zu können, sterblich zu sein und die Folgen der Selbstüberhebung tragen zu müssen. Die Trennung von Gott äußert sich als Sünde und führt zu Mord und Selbstmord.

Amokläufer in Erfurt, dem Münsterland, Waiblingen, die in Schulen um sich schossen und sich danach selbst richteten, sind Symbol für die Folgen der Gottestrennung. Ohne Gott können wir zu Menschen werden, die sich selbst anmaßen, über Tod und Leben anderer Menschen zu entscheiden. Ohne Gott werden wir in der tiefsten Verzweiflung allein bleiben und als einzigen Ausweg den Selbstmord wählen.

Jesus ist gestorben, um die Folgen der Sünde auf sich zu nehmen, dass wir an ihnen nicht zu Grunde gehen müssen. Jesus ist uns entgegengekommen, um uns zu befreien und zu neuem Leben zu ermächtigen. Dieses neue Leben beginnt, wenn wir Jesus das Mandat geben, unsere Trennung von Gott aufzuheben. Es führt zu einem Leben in Ewigkeit, in das Jesus am Ostermorgen auferweckt wurde.

Im Johannesevangelium sagt Jesus seinen Jüngern, dass er auferweckt werden wird, um ihnen eine Wohnung, eine Bleibe im Himmel einzurichten. Wir hören die Zwischentöne. Er richtet diese Wohnung liebevoll her. Er erwartet uns, er investiert in uns, er schafft keinen Einheitswohnraum, sondern erwartet uns persönlich. Vielleicht ist es, wie wenn werdende Eltern das Kinderzimmer herrichten, Möbel kaufen, die Tapete aussuchen, Bilder an die Wand hängen und Wäsche in die Wickelkommode sortieren. Sie erwarten das Baby, das erstmal auch mit einem Wäschekorb zufrieden wäre. Sie signalisieren: Du bist willkommen!

Jesus ist für uns gestorben. Er hat die Folgen der Trennung für uns getragen. Wir müssen nicht länger zu Amokläufern werden, die andere bedrohen und selbst das eigene Leben wegwerfen. Wir können mit Jesus schon in diesem Leben einen neuen Anfang machen. Jesus schließt uns das Paradies wieder auf. Er bereitet einen Wohnraum in der Ewigkeit für uns, er wird uns abholen, heimholen, wir dürfen vom Baum des Lebens essen.

Tod und Auferweckung für uns

Tod als Folge der Trennung von Gott bedeutet, dass unser Lebensfaden abgeschnitten ist. Von uns überlebt nichts, kein Seelenfunke, keine Flamme, die weiter lodert, keine Zelle, die in einem anderen Leben wieder anfängt, sich fortzupflanzen und zu wachsen. Als die, die sich von ihrer Lebensquelle losgesagt haben, können wir keinen Anspruch erheben, ewig oder in immer neuer Gestalt weiterzuleben.

So muss uns Jesus aus dem Tod aufwecken und abholen. Er ruft uns in sein Leben. Nicht wir haben einen roten Faden, der uns in die Ewigkeit bringt, sondern Jesus hat den roten Faden. Er kennt uns, und er hat unseren Namen in seinem Lebensbuch aufgeschrieben. Weil er uns kennt und ruft, werden wir zu neuem Leben auferweckt.

Ein Gleichnis Jesu lässt das sehr anschaulich werden. (Matthäus 25,1-13) 10 junge Frauen warten mit Öllampen auf den Bräutigam, um ihn in der Nacht zur Hochzeit zu begleiten. Fünf von ihnen geht während der Wartezeit das Öl aus. Als sie gerade den Händler in der Nacht aus dem Bett geschmissen haben, um Nachschub für ihre Lampen zu organisieren, kommt der Bräutigam. Er nimmt die fünf Frauen mit, deren Lampen noch brennen und geht mit ihnen zur Hochzeit. Die Zu-Spät-Kommenden müssen draußen bleiben. Der Bräutigam erkennt sie nicht und lässt sie nicht herein. Jesus holt ab, die Tür zur himmlischen Feier lässt sich nicht von außen öffnen. Entscheidend ist, dass wir genug Öl haben und bereit sind, uns abholen zu lassen. Entscheidend ist, dass Jesus uns kennt.

In Todesanzeigen begegnet mir immer wieder ein Ausspruch, der genau aufgreift, dass wir an uns nichts Unsterbliches haben, sondern dass wir ins Leben abgeholt werden müssen, z.B. „Nur wer vergessen wird, ist tot. Du wirst leben." Hier ist Jesu Erinnerung durch die Erinnerung des oder der Trauernden ersetzt. In Jesu Erinnerung weiterzuleben heißt aber nicht nur, nicht vergessen zu werden, sondern zu neuem, ewigem Leben erschaffen zu werden. Diese Hoffnung übersteigt jede Vorstellung.

Jesus kommt in unseren Tod, um uns abzuholen in seine Gegenwart. Seine Totenauferweckungen haben das zeichenhaft zum Ausdruck gebracht. „Lazarus, komm heraus!", rief Jesus seinem Freund zu, der schon seit Tagen in der Grabhöhle lag. Du, Max Mustermann oder Erika Musterfrau, komm heraus zu einem Leben in Gottes Gegenwart.

Ewiges Leben

Was uns hinter dem Todesgraben erwartet, wird in der Bibel nur mit sehr leichten Pinselstrichen beschrieben. In Bildern wird das Unbekannte ausgedrückt. Paulus nennt die Liebe als Inhalt des neuen Lebens. Die Evangelien beschreiben ein Festmahl, ein Hochzeitsmahl, zu dem Jesus seine Nachfolgerinnen und Nachfolger, die er erwartet, einlädt. Die Offenbarung schmückt das neue Jerusalem aus mit einem Fluss, der lebendiges Wasser bringt, einem Baum des Lebens, der Tod und Mangel beseitigt und Gott im Mittelpunkt, der bei den Erlösten wohnt und sich ihnen zuwendet.

Die zu Jesus gehören, die auf ihn mit brennenden Lampen gewartet haben und die er abgeholt hat, werden befreit sein von allem, was sie von Gott getrennt hatte. Sie werden in eine neue Gemeinschaft gestellt, in der die Streitfragen gelöst und entschieden sein werden und unüberbrückbare menschliche Differenzen keine Bedeutung mehr haben werden.

Jesus wirbt für dieses neue Leben in Ewigkeit. Er freut sich auf die Festtafel im Himmel. Er bereitet alles so vor, dass wir einmal in die himmlischen Wohnungen einziehen können. Er will keine Wohnung umsonst eingerichtet haben.

Doch die Bibel verschweigt nicht die Kehrseite dieser Suche nach jedem und jeder Einzelnen. Wer meint, Jesus nicht zu brauchen, den Weg allein in den Himmel zu finden oder wer dem Leben nach dem Tod keine Beachtung schenkt, wird niemand haben, der ihn vor Gott vertritt. Gott wird jeden einzelnen Menschen prüfen und ihn mit seinem Leben konfrontieren. Wer bei dieser Gegenüberstellung keinen Fürsprecher dabei hat, der für ihn einspringt und gerade die dunklen Kapitel auf seine Kappe nimmt, wird verlieren. Die Selbstgerechten, die meinen, ohne Jesus auszukommen, werden vor der Tür stehen bleiben müssen. Die, die sich in ihrer Gottestrennung wohl fühlen, sich längst mit ihren Sünden angefreundet haben und keinen Impuls zur Versöhnung mit Gott und Menschen spüren, werden ebenfalls vor der Tür stehen bleiben. Die, die darauf hoffen, dass ihre Nachbarin schon mit ihrem Glauben an Jesus aushelfen wird, werden ebenfalls zu den draußen Stehenden gehören. Wer aber Jesus als Fürsprecher hat, wer sein Leben mit seiner Hilfe bereinigt hat und weiß, dass ihm nur Jesus helfen kann, durch die letzte Prüfung zu kommen, wird Eintritt bekommen. Für den ist der Tisch gedeckt.

Wird Gott Menschen auf ewig den Eintritt in seine neue Welt verweigern? Wird er für immer verstoßen? Wir können beten und hoffen, dass Gott Wege zu diesen Menschen vor der Tür hat, die uns verborgen sind. Wir müssen an Gottes Liebe und Barmherzigkeit festhalten, der dem verlorenen

Schaf nachgeht. Doch wir können uns nicht auf dieser Liebe ausruhen, sie gar einfordern. Sie sollte uns vielmehr anspornen, den Menschen unserer Umgebung das Evangelium weiterzugeben und ihnen ganz klar zu sagen, dass sie Jesus brauchen, der allein ihnen ewiges Leben geben kann.

Konsequenzen für unseren Alltag heute

„Vertraut auf Gott! Erschreckt nicht, habt keine Angst!" Jesus sagt uns zu, dass er uns kennt und zu sich holen wird. Wir wissen, dass es eine Zukunft für uns gibt. Das lässt uns den Alltag in richtiger Relation sehen. Alltag ist ständige Einübung ins Gottvertrauen, Loslassen für Jesus und hat keinen Ewigkeitswert.

Jesus ist der Weg. Mit Jesus auf dem Weg zu sein, heißt, das Leben nach seinen Maßstäben zu führen. Dieser Weg bringt uns weg von Egoismus, Überheblichkeit und auch weg von einer Verzweiflung, die vergisst, dass Jesus helfen kann.

Wer diesen Weg gefunden hat, zeigt ihn anderen. Wie Jesus uns abholt, so können wir andere abholen, Jesus überhaupt erst mal kennen zu lernen und ein Stück Weg mit ihm zu probieren.

Die Wohnungen im Himmel sind eine wunderbare Werbeseite für die Ewigkeit, aber die Bedingungen dazu sollten wir nicht verschweigen. Es kommt nicht auf unser Kapital an, denn diese Wohnungen sind sowieso unerschwinglich. Es kommt nur auf den richtigen Anwalt an. Und der will nicht bezahlt werden, sondern will mit uns leben, jeden Tag und jede Stunde, uns verändern und uns vorbereiten auf die neue Wohnsituation jenseits des Grabes.

„Einem Ziel sollt ihr bis ans Ende der Zeit nachstreben: euch an Gott zu freuen in Zeit und Ewigkeit." (John Wesley)

5 Jesus – ruft in die Gemeinde

5.1 Der Heilige Geist kommt

5.1.1 Geburtstag der Gemeinde (Apostelgeschichte 2,1-13)

Vor den olympischen Spielen in Peking 2008 gab es viele Widerstände gegen den Fakellauf. Die Idee des Fakellaufs sieht vor, dass die olympische Flamme in Olympia als Ursprungsort der Spiele entzündet und über viele tausend Kilometer in die ganze Welt getragen wird. Überall, wo diese Flamme hinkommt, soll ab sofort Frieden herrschen, damit die Sportler von dort ungehindert zu den olympischen Spielen reisen können. Kein Wunder, dass Menschenrechtsverletzungen im Austragungsort der olympischen Spiele zu Protesten und schließlich zur Abschaffung des Nationen übergreifenden Fakellaufs führten. Schade, denn dieser Lauf ist ein gutes Bild für das Pfingstfest, bei dem das Feuer des Heiligen Geistes weitergegeben wird, bis es zu seinem Ziel kommt, und als Begleiterscheinung Gottesfrieden wirkt.

Ursprungsort des Pfingstfestes ist Jerusalem. Der Heilige Geist hatte das Feuer dort entzündet, das sich über die ganze Welt ausbreiten sollte. Jeder einzelne Christ ist seither Fackelträger des Heiligen Geistes und bringt ihn bis an die Enden der Erde. Überall, wo der Heilige Geist sich ausbreitet, entsteht Gottesfrieden, heilt die Beziehung von Gott und Menschen, fangen Leute an, nach Gottes Willen und in seiner Liebe zu leben. Das Ziel des Fackellaufs ist die Ewigkeit, wenn alle Christen beim Herrn sein werden, um dort mit ihm in Harmonie und Frieden zu leben. Noch sind wir nicht am Ziel, aber der Fackellauf dauert an, und wir dürfen auch heute daran teilnehmen, um möglichst viele Menschen in den Gottesfrieden einzubinden.

Um dem Geheimnis des Heiligen Geistes auf die Spur zu kommen, können wir die Bibel lesen und die Geschehnisse am ersten Pfingsttag genau betrachten:

Apostelgeschichte 2,1-13

„Als das Pfingstfest kam, waren wieder alle, die zu Jesus hielten, versammelt. Plötzlich gab es ein mächtiges Rauschen, wie wenn ein Sturm vom Himmel herabweht. Das Rauschen erfüllte das ganze Haus, in dem sie waren. Dann sahen sie etwas wie Feuer, das sich zerteilte, und auf jeden ließ sich eine Flammenzunge nieder. Alle wurden vom Geist Gottes erfüllt und begannen in anderen Sprachen zu reden, jeder und jede, wie es ihnen der Geist Gottes eingab. Nun lebten in Jerusalem fromme Juden aus aller Welt, die sich hier niedergelassen hatten. Als sie das mächtige Rauschen hörten, strömten sie alle zusammen. Sie waren ganz verwirrt, denn jeder hörte die Versammelten, die Apostel und die anderen, in seiner eigenen Sprache reden. Außer sich vor Staunen riefen sie: „Die Leute, die da reden, sind doch alle aus Galiläa! Wie kommt es, dass jeder von uns sie in seiner Muttersprache reden hört? Wir kommen aus Persien, Medien und Elam, aus Mesopotamien, aus Judäa und Kappadozien, aus Pontus und aus der Provinz Asien, aus Phrygien und Pamphylien, aus Ägypten, aus der Gegend von Zyrene in Libyen und sogar aus Rom. Wir sind geborene Juden und Fremde, die sich der jüdischen Gemeinde angeschlossen haben, Insel- und Wüstenbewohner. Und wir alle hören sie in unserer eigenen Sprache die großen Taten Gottes verkünden!“ Erstaunt und ratlos fragten sie einander, was das bedeuten solle. Andere machten sich darüber lustig und meinten: „Die Leute sind doch betrunken!“ (Gute Nachricht)

Vor dem Pfingsttag hatten sich die Jünger in einer Wohnung in Jerusalem getroffen, um miteinander auf den verheißenen Geist zu warten. Sie beteten miteinander, sie regelten die Nachfolge des Judas und wählten Matthias als 12. Apostel hinzu. Sie bereiteten sich in aller Stille auf die große Wende durch den Heiligen Geist vor, um dann bereit für den Aufbruch zu sein. Sie brachen nicht in hektische Aktivitäten aus, um selbst aus eigenem Antrieb als Missionare in die Stadt zu gehen, sondern sie warteten auf Gottes Signal zum Aufbruch.

Wann halten wir schon mal so still, dass Gottes Geist uns für ihn vorbereitet vorfindet? Ich ertappe mich schon bei meiner Gebetshaltung. Ich falte die Hände ineinander, als ob ich mich an mir selbst und meinen Wünschen, Plänen, Vorstellungen festhalten will. Ich lasse dem Heiligen Geist so gar keinen Raum, um in meinen Lebenskreis zu treten. Ich bin wie ein abgeschlossenes System. Und er muss wirklich hart arbeiten, um die Hände auseinander zu bringen, dass ich sie ihm hinhalte und ihn wirklich hineinlasse in mein Leben.

Ich möchte von diesen aufgewühlten Jüngern lernen. Die hatten eigentlich Existenzdruck und hätten sich schleunigst nach einem neuen Job umschauen müssen. Stattdessen beteten sie und verließen sich darauf, dass der Heilige Geist sie als Missionare anstellen und auch für ihr Auskommen sorgen würde. Alles auf Hoffnung hin ohne Arbeitsvertrag. Ist das nicht die Einladung an Gottes Geist, die ich heute auch aussprechen kann? „Heiliger Geist, ich halte still und warte, bis du mir klar sagst, wo es als nächstes hingeht. Ich will nicht meine eigenen Pläne leben, sondern hören, was du mit mir vorhast. Schenke mir Geduld auf dem Weg.“

Am Pfingsttag gingen die Jünger wohl in eine Halle, die zum Tempelbezirk gehörte. Hier hörten sie den Heiligen Geist wie einen mächtigen Wind. Sie werden diese Sprache des Geistes verstanden haben, denn sie kannten die Heiligen Schriften. Sie wussten von Elia, der Gott wie einen sanften Wind hörte. Sie hatten mitbekommen, wie Jesus dem gelehrten Nikodemus das Wirken des Heiligen Geistes erklärte, der wie der Wind weht, wo er will. Sie werden in dem heftigen Wind Gottes Stimme erahnt haben, der in völliger Freiheit seinen Geist denen schenkt, die für ihn bereit sind. Auch die Ähnlichkeit des Geistes mit Feuer war den Jüngern vom Alten Testament her bekannt. Gott begegnete Mose in einem brennenden Dornbusch. Er ging dem Volk Israel in der Wüste in Gestalt einer Feuersäule voraus. Und Johannes der Täufer sagte von Jesus bei seiner Taufe, dass er einmal mit Feuer und Heiligem Geist taufen würde. So bekräftigte Jesus diese Aussage: „Ich bin gekommen, ein Feuer anzuzünden auf Erden; was wollte ich lieber, als dass es schon brennte." (Lukas 12,49). Dieses Feuer meint Gottes Geist, den Jesus gesandt hat, um sein Evangelium der Welt bekannt zu machen.

So waren die Jünger vorbereitet auf das Pfingstereignis. Das Feuer des Heiligen Geistes kam auf jeden von ihnen persönlich. Sie wurden zu Geistträgern, die diesen Geist anderen weitergeben konnten und sollten. So ähnlich wie das olympische Feuer herumgereicht wurde, so gilt das erst recht für Gottes Geist, der wie durch Fackeln bis ans Ende der Erde ausgeteilt werden soll.

Der erste Pfingsttag hat für uns Bedeutung. Wie damals berührt Gott mit seinem Geist jeden und jede einzeln. Diese Berührung bewirkt Sicherheit, dass es Gott gibt und Jesus lebt. Und sie befreit zu einem neuen Leben, nicht mehr als Sklave von Mächten, die über mich bestimmen, sondern zu einem Leben für Jesus.

Die erste Reaktion auf das Pfingstereignis war, dass die Jünger redeten. Martin Luther übersetzte dieses Reden mit Predigen. Er traf damit den Kern des Redens. Die Jünger waren durch den Geist verwandelt worden. Sie, die Fischer, Zöllner und einfachen Leute, wurden durch Gottes Geist zu Predigern. Sie gaben das wieder, was Gott in sie hineingelegt hatte. Sie wurden zu Botschaftern Gottes. Das ist der Maßstab für jede Predigt seither, dass der Prediger oder die Predigerin durch Gottes Geist angeleitet redet und das weitergibt, was Jesus ihm oder ihr ins Herz und aufs Herz gelegt hat. So wird auch klar, dass Predigt immer aus dem Gebet entsteht, den offenen Händen, die sich Gott entgegenstrecken und auf seine Weisung warten. Es sind nicht nur die offenen Hände der Predigenden, sondern genauso die offenen Hände der Gemeinde. Predigende und Gemeinde sind gemeinsam Empfangende von Gottes Geist und bitten um sein Wort gerade auch für die, die Jesus noch nicht in ihrem Herzen haben und noch nicht an ihn glauben können.

Die Jünger sind also nach dem Geistempfang nicht gleich als Missionare in die Weltmission aufgebrochen, sondern haben Gottes Wort in Jerusalem verkündet, das auf einmal alle verstehen konnten, egal aus welchem Kulturkreis sie kamen, ob aus Asien, Europa oder Afrika. Der Heilige Geist ermöglichte ein Verstehen über alle menschlichen Grenzen hinweg. Gerade die Zuhörenden aus anderen Gebieten hörten die erste Predigt. Und ist es nicht heute genauso, dass gerade die das Evangelium hören, die gar nicht so im Mittelpunkt unseres Interesses liegen?

Vor einigen Jahren haben wir in unserer Gemeinde begonnen, uns ganz bewusst Menschen außerhalb unserer Kirchenmauern zuzuwenden. Wir sahen die Zielgruppe Kinder und junge Familien und wollten sie einladen, in unsere Gemeinde zu kommen. Die ersten Monate blieb es aber bei dem Gebet und unseren Wünschen. Es kamen einfach keine Kinder und jungen Familien dazu. Doch es kamen andere, so auch eine alleinstehende alte Dame, die wir gar nicht als unsere Zielgruppe angesprochen hatten. Doch Gottes Geist rief sie und nicht die Jungen. Und dann wuchs drei Jahre später der Jugendkreis von drei auf 20 Personen. Auch Jugendliche hatten wir nicht als Zielgruppe formuliert. Aber es war offensichtlich die Zielgruppe des Heiligen Geistes. Vielleicht hätten sich die Jünger auch andere Zuhörer ausgesucht, die religiösen Führer, die Gleichgesinnten aus Galiläa, die Jugendfreunde. Aber der Heilige Geist suchte sich die, die er ansprechen wollte und öffnete damit die Tür zur Welt, hin nach Europa und Afrika. So öffnet der Heilige Geist auch heute die Tür zur Welt durch jeden Einzelnen, der durch diesen Geist zum Glauben kommt und vom Feuer angesteckt wird, um es weiterzureichen.

Die Apostelgeschichte hält die Pfingstpredigt des Petrus fest. (Apostelgeschichte 2,14.-36) Wie er den Heilsweg Gottes ausführte und um seine jüdischen Brüder und Schwestern warb, dass sie Jesus als ihren Retter annahmen, bevor Gott Gericht halten wird. Als Reaktion darauf fragten viele: „Was sollen wir tun?“ Petrus antwortete: „Kehrt um, tut Buße!“ Der Weg muss in eine neue Richtung gehen.

Für mich bedeutet diese Umkehr, dass ich stehen bleibe und zugebe, meinen eigenen Weg ohne Gottes Geist gegangen zu sein. Dass ich meine eigenen Wünsche, Pläne und Sicherheiten in Gottes Hand lege und ihm die Einzugsermächtigung über alle Konten meines Lebens ausstelle. Dass ich innerlich leer werde, damit er mich erfüllen kann. Dass der Geist Gottes und Jesu mich auf der Wanderung meines Lebens verwandelt und mich so gestaltet, dass ich für ihn Fackelträgerin sein kann. Vielleicht bedeutet Pfingsten, die Fackel wieder neu bewusst in die Hand zu nehmen und für ihn unterwegs zu sein, statt meine eigenen Wege zu gehen.

Pfingsten feiern wir den Geburtstag der Kirche. Der Heilige Geist lässt uns nicht als Einzelkämpfer das Feuer weitergeben, sondern stellt uns in eine Gemeinschaft von Fackelträgern. Wer umkehrt und Gott alle Konten in die Hand gibt, wird in eine neue Gemeinschaft eingegliedert. Wir sind Gemeinde, weil wir den gemeinsamen Auftrag haben, Menschen für Christus zu gewinnen und ihnen das Feuer des Geistes weiterzureichen. Dazu brauchen wir Teamarbeit, Gebetsunterstützung und Fürbitte, alle Gaben des Geistes und viele unterschiedliche Menschen, die zu ganz verschiedenen Leuten Beziehungen haben. So wie die ersten Pfingsthörer aus allen Teilen der Welt kamen, so ist Gemeinde Multiplikatorin für die ganze Vielfalt von Menschen im Umfeld. Was uns zusammenhält, ist nicht unser Bildungsstand, unser gemeinsames Hobby oder unsere Wohnsituation, sondern allein Gottes Geist, seine Liebe und seine Berufung, seine Flamme, von der wir unser Feuer nehmen.

Pfingsten ist Ermutigungsfest: Der Heilige Geist will uns erfüllen, unser inneres Feuer für Jesus entflammen und uns gewiss machen, dass Jesus uns liebt. Ihm dürfen wir uns anvertrauen und mit seiner Gemeinde unseren ganz persönlichen Auftrag leben.

5.1.2 Das zweite Pfingstfest (Apostelgeschichte 10,1-16.44-48)

Zu gerne würde ich Ihnen jetzt erzählen, wie wir es schaffen können, ein Pfingstfest wie damals in Jerusalem zu inszenieren. Jedes Jahr beschäftigen sich unzählige Zeitschriften mit dem Thema, wie es bei uns im Wohnzimmer Weihnachten werden kann. Aber Pfingsten, wie macht man, dass es Pfingsten wird?

Tatsache ist, dass wir Pfingsten nicht machen können. Gott veranstaltet Pfingsten. Er schenkt seinen Heiligen Geist, er lädt ein, den Heiligen Geist zu empfangen. Er übernimmt die Initiative und will, dass wir ihn machen lassen.

Am besten schauen wir uns ein solches Pfingstfest genauer an, es ist die Fortsetzung des Ereignisses in Jerusalem. (siehe Abschnitt 5.1.1)

Apostelgeschichte 10,1-8

„In Cäsarea lebte Kornelius, ein Hauptmann, der zum so genannten Italischen Regiment gehörte. Er glaubte an Gott und hielt sich mit seiner ganzen Hausgemeinschaft zur jüdischen Gemeinde. Er tat viel für notleidende Juden und betete regelmäßig. An einem Nachmittag gegen drei Uhr hatte er eine Vision. Er sah deutlich, wie ein Engel Gottes bei ihm eintrat, und hörte, wie er zu ihm sagte: „Kornelius!“ Erschrocken blickte er den Engel an und fragte: „Warum kommst du, Herr?“ Der Engel antwortete: „Gott hat genau bemerkt, wie treu du betest und wie viel Gutes du den Armen tust, und er will dich dafür belohnen. Darum schicke jetzt Boten nach Joppe und lass einen gewissen Simon zu dir bitten, der den Beinamen Petrus trägt. Er ist zu Gast bei einem Gerber Simon, der sein Haus unten am Meer hat.“ Als der Engel wieder fort gegangen war, rief Kornelius zwei Diener und einen frommen Soldaten aus seinem persönlichen Gefolge. Er erzählte ihnen, was er erlebt hatte, und schickte sie nach Joppe." (Gute Nachricht)

Station 1 - Kornelius

Kornelius war Hauptmann der römischen Besatzungsmacht. Er war Sympathisant des jüdischen Glaubens und suchte offenbar nach einem letzten Halt und Sinn in seinem Leben, nach Gott, der mit ihm ging, ihm seine Treue und Fürsorge zusprach. So nahm er an jüdischen Gebeten teil und setzte sich für seine Mitmenschen ein. Kornelius war ein Suchender und so vorbereitet auf Pfingsten. Die Stimme, die ihn nun anwies, Petrus kommen zu lassen, verunsicherte ihn nicht, sondern ließ ihn hoffen, nun endlich mit seiner Suche ans Ziel zu kommen. Er schickte Boten nach Joppe.

Apostelgeschichte 10,9-16

„Am nächsten Tag, als die Boten von Kornelius Joppe schon fast erreicht hatten, begab sich Petrus um die Mittagszeit auf das flache Dach des Hauses, um zu beten. Da bekam er Hunger und wollte essen. Während das Essen zubereitet wurde, hatte er eine Vision. Er sah den Himmel geöffnet, und es kam daraus etwas auf die Erde herab, das sah aus wie ein großes Tuch, das an vier Ecken gehalten wird. Darin befanden sich alle Arten von vierfüßigen Tieren, Kriechtieren und Vögeln. Eine Stimme rief: „Auf, Petrus, schlachte und iss!" Aber Petrus antwortete: „Auf keinen Fall, Herr! Noch nie habe ich etwas Verbotenes oder Unreines gegessen." Doch die Stimme forderte ihn ein zweites Mal auf und sagte: „Was Gott für rein erklärt hat, das erkläre du nicht für unrein!" Und noch ein drittes Mal erging an Petrus dieselbe Aufforderung. Gleich danach wurde das Tuch samt Inhalt wieder in den Himmel hinauf gehoben."

Station 2 - Petrus

Petrus hatte schon gefunden. Er hatte das erste Pfingstfest in Jerusalem miterlebt, ist vom Heiligen Geist erfasst worden und predigte seitdem von Jesus Christus, dem Herrn des Lebens. So kam er während seiner Missionstätigkeit zu Simon, dem Gerber, und wohnte in dessen Haus in Joppe. Simon ist offenbar auch zum Glauben an Jesus Christus gekommen. Der durch seinen Beruf von den Juden wegen Unreinheit Gemiedene war nun Gastgeber des Petrus. Rein und unrein spielte bei den beiden Christen keine Rolle mehr, sie waren eins durch den Heiligen Geist, der ihnen geschenkt war. Petrus stieg vor dem Essen auf die Dachterrasse des Hauses. Da öffnete sich der Himmel über ihm. Ein großes Tuch kam zu ihm herunter, auf dem lauter Tiere krabbelten. Petrus wurde aufgefordert, diese Tiere zu schlachten und zu essen. Doch Petrus weigerte sich, unreine Tiere zu schlachten und zu essen. Nach dem jüdischen Ritualgesetz war das verboten. Zwar konnte er in dem

Haus von Simon wohnen, der mit unreinen Tierhäuten beruflich in Kontakt kam, aber unreine Tiere zu essen ging nun doch zu weit. Dreimal forderte ihn die himmlische Stimme auf, die Tiere zu schlachten und zu essen, jedes Mal wies Petrus die Aufforderung empört von sich. Was wollte ihm Gott mit diesem Tischtuch sagen?

Station 3 – Petrus und die Boten

Während Petrus noch über das Ereignis nachdachte, kamen auch schon die Boten aus Cäsarea. Langsam erschloss sich ihm der Sinn der Vision, als Petrus die nicht-jüdischen Boten vor der Tür sah. Er bat sie herein und lud sie an seinen Tisch, obwohl Juden und Nicht-Juden nicht miteinander aßen. Das Tischtuch der Vision wurde zum gemeinsamen Tischtuch für ihn und die Besucher.

Am nächsten Tag machte sich Petrus auf nach Cäsarea zusammen mit sechs Leuten aus der Gemeinde in Joppe und den Boten des Kornelius. Dort hatte Kornelius schon alles für Petrus vorbereitet. Er vertraute der Stimme, die ihn angewiesen hatte, Petrus zu holen. So lud er Verwandte und Freunde zu sich ein, um bei der Ankunft des angekündigten Petrus dabei zu sein. Er erwartete etwas Umwälzendes für sein Leben und wollte Viele dabei haben.

Station 4 - Petrus und Kornelius

Petrus traf mit seinen Reisebegleitern bei Kornelius ein. Spätestens jetzt verstand er Gottes Sprache. Er sollte lernen, dass das Evangelium von Jesus Christus nicht nur für die Juden galt, sondern für alle Menschen. So erzählte er den Leuten von Jesus, von seiner Geburt, seiner Taufe durch Johannes, seinem Leben und Wirken, seinem Tod und seiner Auferstehung. Er machte den Zuhörenden klar, dass Jesus die Mauer zwischen Gott und Menschen eingerissen hatte und nun Gemeinschaft mit Gott möglich wurde.

Station 5 – Kornelius

Apostelgeschichte 10,44-48

„Petrus hatte noch nicht zu Ende gesprochen, da kam der Heilige Geist auf alle herab, die bei Kornelius versammelt waren und die Botschaft hörten. Die Christen jüdischer Herkunft, die mit Petrus aus Joppe gekommen waren, gerieten außer sich vor Staunen, dass Gott nun auch über die Nichtjuden seinen Geist ausgegossen hatte. Sie hörten nämlich, wie die Versammelten in unbekannten Sprachen redeten und Gott priesen. Darauf sagte Petrus zu seinen Begleitern: „Diese Leute haben genau wie wir den Heiligen Geist empfangen. Wer kann ihnen da noch die Taufe verweigern?“ Und er befahl, sie im Namen von Jesus Christus zu taufen. Danach baten sie ihn, noch ein paar Tage bei ihnen zu bleiben.“

Petrus predigte, doch nicht die Predigt bewirkte Pfingsten, sondern allein Gottes Geist, der die Anwesenden ergriff. Petrus war von Gott beauftragt, von Jesus zu erzählen, aber Gott schenkte Glauben. Die direkten Auswirkungen waren wie beim ersten Pfingstfest das Sprechen in unbekannten Sprachen, Gotteslob und die Zusammenkunft zu einer Gemeinde, die mit der Taufe bekräftigt wurde.

Station 6 – Petrus und die Urgemeinde

Später erfuhr die Urgemeinde in Jerusalem von diesem Pfingstfest der Heiden in Cäsarea. Die Leiter der Gemeinde machten Petrus Vorwürfe, dass er das Evangelium Jesu als Jude den Nicht-Juden nahe gebracht hatte. Doch Petrus erzählte ihnen die ganze Geschichte von Anfang an. Daraufhin lobten auch sie Gott und lernten, dass Jesus wirklich alle Völker zu Nachfolgerinnen und Nachfolgern berufen wollte. Dies war ein wichtiger Schritt in der Bewegung der Gemeinde Jesu.

Diese ausführliche Geschichte ist die längste zusammenhängende Erzählung in der Apostelgeschichte. Ich vermute, sie ist deshalb so detailliert beschrieben, weil sich in ihr die Geschichte der weltweiten Christenheit abbildet. Wir sind zum Glauben gekommen wie Kornelius, als die, die nicht zum erwählten Volk Gottes gehören und dennoch seine Kinder sein dürfen.

Petrus und Kornelius stellen deshalb nicht nur zwei individuelle Personen dar, sondern zwei Abschnitte der beginnenden Kirchengeschichte, den Übergang der Mission von den Juden zu den Heiden. Heute ist auch jene Zeit längst Vergangenheit. Doch auch jetzt können wir wieder Exemplarisches in der Erzählung entdecken. Petrus steht dann für die Gemeinde Jesu, Kornelius für Menschen, die außerhalb der Gemeinde als Suchende leben. Die Gemeinde kann lernen, dass sie nicht selbstgenügsam bleiben darf. Gottes Geist wird ihr Fernweh nach den Suchenden jenseits der Kirchenmauern wecken. Und die Suchenden werden immer stärker das Heimweh nach der Gemeinde Jesu spüren, das ihnen den Weg zu ihr weist. Die Mauer, die zwischen Gemeinde und so genannter Welt existiert, wird durch Gottes Geist von innen und außen ausgehöhlt und niedergerissen.

Die Gemeinde

Nehmen wir Petrus als Beispiel für die Bewegung des Heiligen Geistes hin zu den Suchenden, so fallen verschiedene Aspekte ins Auge:

Petrus steigt aufs Dach, dort erreicht ihn Gottes Stimme und seine Vision. Als ich dieser Tage durch den Ort ging, fiel mir das große Flachdach des Bürgerhauses auf, und ich stellte mir vor, dass wir dort oben unsere Gemeindevorstandssitzung abhalten würden. Normalerweise sitzen wir im Untergeschoss der Kirche. Vielleicht besteht ja deshalb manchmal die Tendenz, uns mit Vorräten, Vergangenheit, Technischem zu beschäftigen, statt unseren Blick nach oben wandern zu lassen, um Gottes Auftrag zu hören. Vielleicht würde der Ausblick uns auf neue Ideen bringen, neue Zielgruppen Gottes in den Blick rücken, Wege dorthin klarer erkennen lassen. Und in unserem persönlichen Leben, in dem wir ja auch so oft auf Gottes Hinweise warten? Wo erwarten wir sie? Im Vorratskeller der materiellen Absicherungen? Noch ein paar Einweckgläser mehr für den Notfall? Oder wagen wir uns hinaus, um wirklich auf neue Ideen zu kommen, die Mut erfordern, die uns umdenken lassen, die uns herausreißen aus den eingefahrenen Wegen?

Petrus konnte die Vision so wenig verstehen, wie wir oft Hinweise Gottes nicht verstehen können. Doch er ließ sich voller Vertrauen auf die Zeichen Gottes ein. Er bat die Besucher an den Tisch, er folgte ihnen nach Cäsarea. Brechen wir zu unbekannten Menschen auf, wenn Gott uns Zeichen gibt? Geht es uns darum, dass Jesus seine geliebten Menschen findet? Oder geht es uns um uns selbst, dass wir gefunden werden, dass Jesus eine Weisung für uns persönlich hat, dass er nur für uns da ist?

Sechs Leute begleiteten Petrus nach Cäsarea. Sie hatten kein Tischtuch mit unreinen Tieren gesehen, sondern ließen sich in Petrus Auftrag mit hinein nehmen. Ist das vielleicht hier und da in unserem Gemeindeleben dran, dass wir jemand in seiner Mission helfend unterstützen? Wer weiß, ob die Begleiter so genau wussten, warum sie mit Petrus mitgingen, Petrus wusste es ja selbst nicht. Aber sie ließen Petrus nicht allein. Wer bei uns erkennt, dass er ein Projekt beginnen sollte, um Menschen auf irgendeine Art mit Jesus in Berührung zu bringen, steht manchmal allein da. Andere zweifeln an dem Vorhaben, wollen erst Erfolge sehen. Aber ist es nicht dran, wie die Begleiter einander zu helfen, mitzumachen, einen Kuchen zu backen, einen Fahrdienst zu leisten, ein paar Euro zu investieren. Durch dieses Mitgehen signalisieren wir uns doch: Wir sind gemeinsam gerufen, den Boden für das Wirken von Gottes Geist zu bereiten, niemand ist als Kind Gottes Einzelkämpfer oder Einzelkämpferin.

Wer auf das Dach gestiegen ist, eine Vision hat, sie umsetzt, muss mit Widerstand rechnen. Nicht alle haben gleich den Blick für Gottes Plan. Aber wir müssen davor keine Angst haben. Wir können Zeugnis geben von Gottes Wirken und darauf bauen, dass die Zweifel von Gottes Geist überwunden werden. Was mich an den Leitern der Urgemeinde fasziniert, ist, dass sie an ihren Vorwürfen nicht lange festhalten, sondern bald ins Gotteslob einstimmen. Ich kenne auch das andere Verhalten, dass man von seiner gefassten Meinung nicht abweicht, auch wenn sich zeigt, dass andere Recht hatten.

Wie könnten wir uns manche Blockade sparen, wenn wir sehen würden, dass es nicht ums Rechthaben und den Sieg geht, sondern um Gottes Geist und seine Dynamik.

Die Welt

Nehmen wir Kornelius als Beispiel für das Wirken des Geistes hin zum Glauben, fallen auch ein paar Gesichtspunkte auf:

Gott bereitet Menschen für seinen Geist vor. Eine innere Unruhe, eine unbestimmte Sehnsucht nach Gott ist Ausgangspunkt für ein offenes Ohr und Herz. Doch diese Sehnsucht kann ganz unterschiedlich befriedigt werden. Man kann sie im Alkohol ersäufen, man kann sie in vielen Kicks betäuben, die einem den Eindruck verleihen, einmalig und besonders zu sein, man kann sie abstumpfen lassen in Hektik, Stress oder Langeweile. Man kann sie in anderen Religionen befriedigen. Aber man kann sie auch zulassen und sie gezielt auf Gott richten. Wenn er es ist, nach dem ich mich sehne, will ich mich mit meinem Leben auf ihn einstellen, mich einschwingen auf seinen Rhythmus, bis mich sein Geist ergreift und ich sein Lied mitsingen kann.

Der Heilige Geist kommt ganzheitlich ins Leben und ist nicht pure Verstandessache. Die Leute in Cäsarea hörten die Predigt, aber erst der Geist ließ sie selbst reden, loben, Gemeinde bauen. Wer den Geist Gottes empfängt, wird in irgendeiner Weise aus sich heraus gehen und diesen Geist zum Ausdruck bringen. Er wird damit bezeugen, dass er diesem Geist nun die Führung des Lebens anvertraut. Besonders eindrücklich kommt das durch das Sprachengebet zum Ausdruck. Die Leute reden nicht mehr die von ihnen gewählten Worte, sondern Gottes Sprache. Sie überlassen ihm das Vokabular, geben sich ihm ganz hin.

Wer den Heiligen Geist geschenkt bekommen hat, gliedert sich ein in den Leib Christi. Das Pfingstfest in Cäsarea führte zu Taufen und Gemeindegründung. Gesund ist es, wenn Menschen, die bei Großevangelisationen nach vorn gehen und Jesus ihr Leben anvertrauen, in eine Gemeinde hineinkommen. Bleiben sie für sich, wird ihr Glaube nach und nach absterben.

Pfingsten in Cäsarea, der Heilige Geist bewirkte das Fernweh des Petrus und das Heimweh des Kornelius. Die Mauer, die zwischen beiden stand, riss er von beiden Seiten nieder. Die Auswirkungen können wir heute wie damals ganz unmittelbar erleben: Gotteslob, Hingabe, Freiheit und wahres Leben.

Gott lässt Pfingsten werden, lassen wir uns hinein nehmen in das Gotteslob mit ganzer Hingabe!

5.2 Gemeinde unterwegs

5.2.1 Das ist Gemeinde (Philipper 2,1-5)

Gerade haben wir eine Seminarreihe zum Thema „Grundwerte der Gemeinde“ abgeschlossen. Uns wurde das Fundament der Gemeinde wichtig, nach dem sich der ganze Gemeindeaufbau richtet, Jesus Christus. Er bestimmt die Höhe und Breite der Gemeinde, den Standort und die Ausrichtung. So schauten wir uns an, was Jesus während seines Wirkens hier auf Erden getan und gelehrt hat und was wir als Gemeinde fortsetzen. Wir betrachteten besonders die Aufträge der Gemeinde an und erkannten fünf Ausrichtungen:

- Anbetung Gottes
- Evangelisation
- Gemeinschaft
- Wachsen im Glauben
- Dienen.

Wir wurden uns klar darüber, wie wichtig es ist, diesen Aufträgen gemeinsam nachzukommen und die gleiche Route zu verfolgen. Wir stellten uns vor, als Gemeinde in einem Ruderboot zu sitzen. Jeder und jede hat ein Paddel in der Hand und will die Richtung ansteuern, die er oder sie am besten findet. Es kann sein, dass dieses Ruderboot sich nie vom Fleck bewegt, weil jeder in eine andere Richtung will und sich alle blockieren. Es kann auch sein, dass es im Kreis fährt, auch keine Idealvorstellung für einen Ruderwettbewerb oder ein Gemeindeleben. So ist es für die Gemeinde von elementarer Bedeutung, sich immer wieder über den Kurs zu verständigen, um dem Ziel nahe zu kommen, das Gott für seine Gemeinde gesetzt hat.

Dabei wurde uns auch deutlich, dass Einheit nicht bedeutet, dass alle einer Meinung sind. Gott hat uns unterschiedlich geschaffen, deshalb ist Verschiedenheit geradezu Programm im Leib Christi, der Gemeinde. Die Einheit ist möglich durch den gemeinsamen Bezugspunkt Jesus Christus. Er gibt den Kurs und das Ziel vor. In ständiger Verbindung zu ihm und gemeinsamem Hören auf ihn wird klar, wo die Reise hin geht.

Der Apostel Paulus machte reichhaltige Erfahrungen mit Gemeinden, die diese Einheit verloren hatten. In der Gemeinde in Korinth entstanden Spaltungen durch Parteien und unterschiedliche Auffassungen. Die ganze Gemeinde war in akuter Gefahr, das Ziel in weite Ferne gerückt. In der Gemeinde in Ephesus erlebte Paulus Christen, die sich selbst als Mittelpunkt sahen, das Ihre suchten, nicht Christus. Auch hier ruderte die Gemeinde im Kreis, kam nicht vom Fleck, konnte die Aufträge

Jesu nicht erfüllen und stand nahe davor zu kentern. So wundert es nicht, dass Paulus seine Lieblingsgemeinde in Philippi warnte, an der Einheit festzuhalten und sie immer wieder zu erarbeiten.

Philipper 2,1-5

„Bei euch gibt es doch das ermutigende Wort im Auftrag von Christus; es gibt den tröstenden Zuspruch, der aus der Liebe kommt; es gibt Gemeinschaft durch den Heiligen Geist; es gibt herzliches Erbarmen. Dann macht mich vollends glücklich und habt alle dieselbe Gesinnung, dieselbe Liebe und Eintracht! Verfolgt alle dasselbe Ziel! Handelt nicht aus Selbstsucht oder Eitelkeit! Seid bescheiden und achtet den Bruder oder die Schwester mehr als euch selbst. Denkt nicht an euren eigenen Vorteil, sondern an den der anderen, jeder und jede von euch! Habt im Umgang miteinander stets vor Augen, was für einen Maßstab Jesus Christus gesetzt hat." (Gute Nachricht)

Paulus nennt vier Lebensäußerungen der Gemeinde, die ihre Grundwerte widerspiegeln, das ermutigende Wort, den tröstenden Zuspruch, die Gemeinschaft und herzliches Erbarmen. Wir sollten diese Stichworte anschauen und uns selbstkritisch fragen, ob sie bei uns präsent sind und sich in unserem Gemeindeleben äußern.

Das ermutigende Wort im Auftrag von Christus

Die Gute-Nachricht-Übersetzung nennt es das ermutigende Wort, Luther übersetzt es mit Ermahnung. Jesus Christus gibt der Gemeinde offenbar ein Wort, das korrigierend und motivierend die Richtung zum Weiterrudern anzeigt. Jesus redet zur Gemeinde, aber auch zu jedem Einzelnen. Jeder ist Mitwirkender, wenn es um den Kurs der Gemeinde geht. Schon einer, der in eine andere Richtung rudert, stört die Richtung des Bootes empfindlich und bringt vom Kurs ab. Jesus gibt sein Wort in der Bibel. Wir hören ihn, wenn wir die Evangelien studieren, uns vergegenwärtigen, was Jesus damals gesagt und getan hat und was für uns heute genauso gilt. Wir hören Gott, wenn wir sein Volk studieren, die Wege und Abwege, die Bewahrungen und die Konsequenzen aus seinen Verfehlungen.

Dieses Bibelstudium heißt nicht, sich mit Lieblingstexten zu umgeben und nur sie zur Wirkung kommen zu lassen. Es fällt uns vermutlich leichter, uns auf Jesu Zuspruch, dass er alle Tage bei uns ist, einzulassen, als die Aufforderung gelten zu lassen, die in der Bibel unmittelbar vorausgeht: Machet zu Jüngern! Es ist bequemer, sich am Abend auf dem Sofa eine Decke um die Schultern legen zu lassen, als noch mal das Haus zu verlassen und jemand zu besuchen, der unser Ohr braucht. Es macht mehr Spaß, die vertraute Gruppe zu besuchen, die vertrauten Themen zu behandeln und sich ganz einig in der Gemeinde- und Weltsicht zu sein, als ins Bibelgespräch zu gehen und sperrige Bibeltexte zu uns sprechen zu lassen, die uns ganz klar aufrütteln und infrage stellen. So ist das

Wort Christi beides. Es ermutigt, sich immer wieder an Jesus zu wenden und von ihm die Richtung und den Kurs zu erbitten, aber es korrigiert auch, wo wir uns zu wohl in unseren eigenen Gedanken, Weltsichten und Kursfestlegungen fühlen.

Für unsere Gemeinde habe ich in dieser Seminarreihe erkannt, dass genau diese Auseinandersetzung mit dem Wort Christi nicht gerade unser Schwerpunkt ist. Wir sind schon zufrieden, wenn 10% von uns stellvertretend die Bibel intensiv studieren. Doch können wir uns damit wirklich zufrieden geben? Gefährden wir durch diese Haltung nicht die Einheit? Führt das nicht zur Immunschwäche und zum Verlust des gemeinsamen Kurses?

Der tröstende Zuspruch aus Liebe

Mit diesem zweiten Stichwort thematisiert Paulus Seelsorge. Er meint damit nicht den Small-Talk im Vorbeigehen, sondern ein intensives Anteilnehmen und Teilen von Leben und Schmerzen. Das gelingt in einer Gemeinde am besten in Kleingruppen, die sich häufiger treffen und sich füreinander öffnen. Zwei elementare Grundbedürfnisse von uns Menschen werden mit einem tröstenden, liebevollen Zuspruch gestillt, verstanden zu werden und die eigenen Gefühle bestätigt zu bekommen.

Merkwürdigerweise gelingt diese Nähe erst, wenn unsere Beziehungen eine gewisse Tiefe erreicht haben. Zu Beginn einer solchen tieferen Beziehung treffen wir uns, teilen uns mit, sagen einander, was uns freut und Sorgen macht. Wir tauschen uns im Hauskreis aus über einen Bibeltext, über ein Thema und wenden es auf unser Leben an. Wir gehen nach zwei Stunden auseinander, nehmen Anregungen mit und setzen bestenfalls etwas davon um.

Tiefer wird unsere Beziehung, wenn wir einen gemeinsamen Auftrag ausführen, uns zusammentun, um eine Aufgabe zu bewältigen. Ein Hauskreis bereitet z.B. einen Gottesdienst vor. Es gibt viel zu planen, zu besprechen, am Ende muss einer sich auf die andere blind verlassen können, jeder und jede weiß, wofür er verantwortlich ist, die Gruppe wächst zusammen und gewinnt eine neue Nähe. Das Persönliche rutscht aus dem Blickfeld, Christus und sein Auftrag kommen ins Zentrum, Einheit wird erlebt. Diese Nähe wird noch intensiver in der Leidensgemeinschaft, wenn jemand in eine schwierige Situation geraten ist und die anderen mittragen, wenn wie in anderen Teilen der Welt Verfolgung droht und die Gemeinde zusammenhalten muss. Das kann nur geschehen, wenn Christus für alle greifbar in der Mitte ist und das Ruderboot fest auf Kurs hält.

Sind wir bereit, uns einander zu öffnen und anzuvertrauen? Können wir Gefühle der Rivalität und Konkurrenz besiegen, weil wir einander als von Jesus gleich Geliebte wahrnehmen? Vertrautheit braucht Zeit, will sich bewähren und in besonderen Situationen erprobt sein. Wenn wir unseren gemeinsamen Auftrag stärker wahrnehmen, weniger auf uns und unsere Bedürfnisse schauen, sondern auf das, was Jesus mit uns bewirken will, wird es uns leichter fallen, in eine Richtung miteinander zu gehen, Erfahrungen miteinander zu sammeln und Probleme miteinander zu bewältigen.

Tröstender Zuspruch geschieht häufig in Mitarbeiterteams oder zwischen Menschen, die Ähnliches erlebt haben. Sie können sich besonders in die Situation derer hineinversetzen, die Trost brauchen. Sie können glaubhaft rüberbringen: „Ich weiß, wovon du redest!“ Wer braucht unseren tröstenden Zuspruch, dass er wieder gerne das Ruder zur Hand nimmt und mit neuer Zuversicht dem Ziel entgegenrudert?

Die Gemeinschaft durch den Heiligen Geist

Christus in der Mitte vermittelt Beziehungen untereinander. Leider schauen wir bei unseren Beziehungen eher auf das, was uns unterscheidet und trennt, als auf das, was uns eint. So Vieles eint uns in der Gemeinde: Wir haben einen Herrn, bilden einen Leib, haben die gleichen Aufträge, haben einen Vater im Himmel, leben von der Kraft eines Geistes, haben eine gemeinsame Hoffnung, bekennen uns zum gemeinsamen Glauben, haben die gleiche Taufe, sind in einer Liebe beieinander, leben auf eine gemeinsame Zukunft hin. Mal ganz ehrlich, wie viele Gemeinsamkeiten brauchen wir noch? Bei dieser Sammlung von Themen, die uns einen, müssen die persönlichen Differenzen ganz automatisch in den Hintergrund treten. Sie sind vorläufig und können sich ändern. Sie machen unsere gewollte Unterschiedlichkeit aus und bereichern das Gemeindeleben. Aber sie trennen nicht, sie führen nicht zur Spaltung, solange wir uns auf unsere gemeinsame Mitte konzentrieren. Gottes Absichten für unsere Gemeinde einen uns, das von ihm gesetzte Ziel lässt uns miteinander losgehen, die verheißene Gemeinschaft im Reich Gottes befriedet unsere Differenzen.

Natürlich träumen wir alle von der idealen Gemeinde ohne Spannungen, dieses Ideal treibt uns an, lässt uns unterwegs bleiben und nie zufrieden mit dem Ist-Zustand bleiben. Doch erreichen werden wir das Ideal nicht, denn eigentlich müsste an unserer Kirchentür stehen:

„Kein Ort für fehlerlose Menschen, Menschen mit Fehlern, Schuld und Macken sind hier zuhause, sie brauchen Gottes Erbarmen und wollen sich weiterentwickeln.“ Jeder, der sich fehlerlos fühlt oder weniger fehlerhaft als andere, stört die Einheit. Er stellt das fehlerlose Ich in die Mitte, nicht Jesus Christus. Er rudert nach dem eigenen Kurs, nicht nach dem, den Jesus vorgibt.

Herzliches Erbarmen

Mit herzlichem Erbarmen ist der Dienst in und an der Welt gemeint. Dieses Erbarmen ist unser Schaufenster zur Welt. Wie wir Gottesdienst feiern, wie wir in unseren Hauskreisen zusammen sitzen, wie unser Jugendkreis abläuft oder die Chöre üben, sehen die Menschen auf der Straße nicht.

Vielleicht erzählt ihnen mal jemand davon, wie die Jugendlichen Donnerstagabend gerne beieinander sind, Bibelarbeit machen, Themen des Glaubens behandeln. Aber wirklich miterleben tun sie es nicht.

Hautnah erfahren können die Menschen um uns herum Gemeinde, wenn sie sich denen zuwendet, die Hilfe brauchen. Sie erleben die Hospizhelferinnen der Gemeinde an den Betten der Sterbenden, sie erfahren Seelsorge in persönlichen Gesprächen, sie bekommen Entlastung, wenn Kindergruppen ihnen Freiräume ohne Kinder verschaffen.

In unserem Gemeindeseminar zu den Grundwerten der Gemeinde stellten wir fest, dass es auf diesem Gebiet durchaus noch Handlungsbedarf gibt. Unser Hören ist gefragt, wo Menschen in unserem Umfeld unser Erbarmen brauchen.

Paulus wünscht sich von der Gemeinde Philippi, dass sie einmütig, in Eintracht beieinander ist. Eintracht fällt einem nicht in den Schoß, sondern ist harte Arbeit. Vielleicht ist unser Frankfurter Fußballverein „Eintracht Frankfurt“ gerade ein gutes Lehrbeispiel dafür. Die Eintracht steigt immer dann ab, wenn die Eintracht mit dem Trainer und untereinander auseinander bricht, sich die Spieler nicht mehr aufeinander verlassen können und man sich das Versagen gegenseitig in die Schuhe schiebt.

Wir haben den besten Trainer, den man sich wünschen kann, Jesus Christus. Er ist unser Kopf, er hat ständig neue Trainingsideen, und er ist niemals ausgelaugt, ohne Ideen, ohne Ziel. Aber er erwartet von uns, dass wir mitmachen, dass wir uns auf ihn einlassen und alles geben. Sind wir bereit, Gott zu lieben, andere zu Christus einzuladen, Gemeinde so zu gestalten, dass junge Christen aufgenommen werden können, sind wir verantwortungsvoll für unser persönliches Wachsen und bereit zum Dienst an den Menschen und der Welt?

Können wir dazu Ja sagen, dann werden wir das Ruderboot mit Gottes Hilfe und Jesu Leitung zum Ziel bringen – und unterwegs jede Menge Menschen mitnehmen, die auch noch in diesem Boot Platz haben.

5.2.2 Steh auf! (Apostelgeschichte 12,1-11)

Nach dem Garteneinsatz rund ums Gemeindezentrum mussten die leeren Pfandkisten wieder zurück zur Baumschule gebracht werden. Dort redeten wir mit der Chefin über die gepflanzten Gräser und das trockene Wetter. Zu unserem Erstaunen warnte sie uns eindringlich vor zu vielem Gießen, einmal pro Woche, so ihre Aussage, würde völlig genügen. Die Pflanzen sollten sich tief einwurzeln. Bei zuviel Gießwasser würden sich ihre Wurzeln nicht tief genug ausbilden können. Die Pflanzen hätten auf Dauer keine guten Chancen zum Überleben. Das erstaunte uns, dachten wir doch, Dauerberieselung wäre jetzt das Beste.

Der Gießtipp der Gärtnerin lässt sich vielleicht auch auf unser Leben übertragen. Wir gehen davon aus, dass optimale Lebensbedingungen zu einem glücklichen und erfüllten Leben führen. Wir meinen, auch Glaube kann am besten in optimalen Lebensbedingungen wachsen, wenn die Existenz gesichert ist, keine Katastrophen die Warum-Fragen herauf beschwören, man im Frieden lebt. Doch dann müsste bei uns das Wort Gottes wirklich überreich Anklang finden, die existenzsicheren Leute müssten die Kirchentüren eindrücken, das Lob Gottes und die Dankbarkeit würden über die ganze Rhein-Main-Ebene schallen. Leider kann ich davon in meiner Lebenswelt wenig entdecken. Aus dem neu entstandenen Wohngebiet rund ums Gemeindezentrum gehen nur sehr vereinzelt welche zur Kirche. Von einzelnen weiß ich, dass sie mit dem Thema nie etwas angefangen oder abgeschlossen haben.

Die Fortsetzung der Erzählung von Petrus und Kornelius, dem zweiten Pfingstfest (siehe Abschnitt 5.1.2), greift das Thema auf, wie Gottes Wort wächst und sich ausbreitet. Ich möchte mit Ihnen die gewonnenen Erkenntnisse teilen.

„Das Wort Gottes wuchs und breitete sich aus“ ist die Zusammenfassung einer längeren Geschichte der Urgemeinde und ihrer Bedrohung (Apostelgeschichte 12,24). Dieser Schlusssatz lässt drei Folgerungen zu.

- Die Zahl der Christen, die von ihrem Glauben erzählten, nahm zu, das „Wort Gottes“ kam immer mehr unter die Leute.
- Die gute Nachricht von Jesus Christus traf auf viele offene Ohren, nur so konnte es weiter getragen werden.
- Die Menschen öffneten ihr Inneres, um das Gehörte in ihrem Leben ankommen zu lassen, der Heilige Geist ergriff sie.

Die Urgemeinde wurde Zeugin von Gottes Handeln. Sie erlebte Unterdrückung, Not, Anfeindung. Daraus ließ Gott Wachstum werden. Nicht optimale Randbedingungen führten zum Glauben, sondern Geschehnisse, die menschlich gesehen vom Glauben wegführen mussten.

Szene 1: Apostelgeschichte 12,1-2

„Um diese Zeit ließ König Herodes verschiedene Mitglieder der Gemeinde von Jerusalem festnehmen und schwer misshandeln. Jakobus, den Bruder von Johannes, ließ er enthaupten. “ (Gute Nachricht)

Jakobus gehörte zum Jüngerkreis. Er hatte Jesus gesehen, gehört, sein Herz für ihn geöffnet und den Heiligen Geist am Pfingsttag empfangen. Er wurde zum Zeugen für Jesus. Und nun war er tot, ermordet im Zuge einer Machtdemonstration des Königs gegenüber der kleinen Minderheit von Christen in Jerusalem. Musste diese Erfahrung nicht schockierend für die Gemeinde gewesen sein? Wieder starb ein Zeuge Jesu den Märtyrertod. Wieder wurde einer aus ihrer Mitte gerissen, den sie nötig brauchten für ihre Mission, das Evangelium bis ans Ende der Welt weiterzusagen. Wieder ging eine Prophezeiung Jesu in Erfüllung, die er Jakobus und seinem Bruder Johannes gegeben hatte. Jakobus musste wie Jesus um seines Glaubens willen sterben. Wie sollte es mit der Mission weitergehen? Doch „Das Wort Gottes wuchs und breitete sich aus".

Szene 2: Apostelgeschichte 12,3-5

„Als Herodes merkte, dass dies den Juden gefiel, ging er noch einen Schritt weiter und ließ auch Petrus gefangen nehmen - gerade in den Tagen des Passafestes. Petrus wurde ins Gefängnis gebracht; zu seiner Bewachung wurden vier Gruppen zu je vier Soldaten abgestellt, die einander ablösen sollten. Herodes wollte ihm nach dem Fest vor allem Volk den Prozess machen. So saß Petrus also streng bewacht im Gefängnis. Die Gemeinde aber betete Tag und Nacht inständig für ihn zu Gott."

Den Jerusalemern gefiel offenbar das Schauspiel der Hinrichtung. Hier erkennen wir eine deutliche Veränderung der Großwetterlage. Hatten die Jerusalemer noch als Mitläufer „Kreuzige ihn!" geschrieen, angestachelt durch die einflussreiche Oberschicht, wurden sie nach Pfingsten den Christen gegenüber so wohl gesonnen, dass sich die Justiz nicht mehr traute, Christen längere Zeit festzuhalten. Weil sie den Aufruhr des Volkes fürchten, ließen sie die Apostel nach Verhören immer wieder schnell frei. Doch nun gefiel dem Volk die Hinrichtung, es bejubelte die Verfolgung. Die Zeugen erzählten weiter von ihrem Glauben, aber Ohren blieben taub und Herzen verschlossen, die Botschaft kam nicht mehr an.

So setzte Herodes seine Maßnahmen gegen die Christen fort und ließ Petrus als nächsten gefangen nehmen. Er installierte mit 16 Mann eine überaus starke Bewachungstruppe. Aber obwohl ein Zeuge mehr ausgefallen war: „Das Wort Gottes wuchs und breitete sich aus". Das Wort Gottes wuchs am Widerstand. Zwei Hinweise gibt uns die Erzählung:

Es geschah zum Passafest. Mit diesem Grunddatum des jüdisch-christlichen Glaubens verbanden die Menschen Israels die Herausführung durch Gott aus dem Gefängnis Ägypten. Mit diesem Datum verbanden die Christen Jesu Tod am Kreuz für die Menschen, dass sie frei wurden von ihrer

Schuld und dem Gefängnis ohne Gott. Eine Gefangennahme am Passafest konnte aus Gottes Perspektive nur bedeuten, dass er seine Befreiungstat auch durch Petrus fortsetzen wollte.

Die ganze Gemeinde betete für Petrus. Wurde er im Gefängnis von 16 Männern rund um die Uhr bewacht, so bewachte ihn die Gemeinde mit ihrem Gebet und Gott auf ihrer Seite. Die Gemeinde stellte sich in Gottes Dienst, um der Gefängniswache die himmlische Bewachung entgegenzusetzen. Petrus war trotz Lebensgefahr bei Gott in Sicherheit.

Szene 3: Apostelgeschichte 12,6-11

„In der Nacht, bevor Herodes ihn vor Gericht stellen wollte, schlief Petrus zwischen zwei der Wachsoldaten, mit Ketten an sie gefesselt. Vor der Tür der Zelle waren die zwei anderen als Wachtposten aufgestellt. Plötzlich stand da der Engel des Herrn, und die ganze Zelle war von strahlendem Licht erfüllt. Der Engel weckte Petrus durch einen Stoß in die Seite und sagte: „Schnell, steh auf!“ Da fielen Petrus die Ketten von den Händen. Der Engel sagte: „Leg den Gürtel um und zieh die Sandalen an!“ Petrus tat es, und der Engel sagte: „Wirf dir den Mantel um und komm mit!“ Petrus folgte ihm nach draußen. Er wusste nicht, dass es Wirklichkeit war, was er da mit dem Engel erlebte; er meinte, er hätte eine Vision. Sie kamen ungehindert am ersten der Wachtposten vorbei, ebenso am zweiten, und standen schließlich vor dem eisernen Tor, das in die Stadt führte. Das Tor öffnete sich von selbst. Sie traten hinaus und gingen die Straße entlang, doch als Petrus in die nächste einbog, war der Engel plötzlich verschwunden. Als Petrus zu sich kam, sagte er: „Es ist also wirklich wahr! Der Herr hat seinen Engel geschickt, um mich vor Herodes zu retten und vor dem zu bewahren, was das jüdische Volk sich erhofft hat!“

Die Situation war für Petrus aussichtslos. Er war von Wachen umgeben, an Ketten gefesselt, an Flucht war nicht zu denken. Mitten in seine Finsternis schien Gottes Licht, so hell, dass er das nun folgende Geschehen wie im starken Gegenlicht wahrnahm, schemenhaft, traumhaft, passiv. Der Engel des Herrn brachte göttliches Licht in die Situation. Das Licht schluckte die Finsternis der Gegenwart. Petrus überließ sich dem Licht und folgte der Aufforderung des Engels: „Steh auf! Komm!“ Petrus stand auf, er folgte, ohne zu wissen wohin.

Hier kommen wir mit hinein in die Geschichte. Sicher liegen wir jetzt nicht in Jerusalem im Gefängnis, doch sind manche hier, die in Gefängnissen ganz unterschiedlicher Art sitzen. Sie sind nicht nur in einer ausweglosen Situation, sondern zugleich auch mit ihrem Glauben in die Sackgasse geraten.

Jemand hat sein Haus hier gebaut, um sich ganz für die Gemeinde vor Ort einbringen zu können. Doch er wird arbeitslos und im Umkreis findet sich weit und breit keine Stelle. Hatte ihm nicht Jesus so am Herzen gelegen, dass er nahe bei der Gemeinde bleiben wollte? Und nun?

Ein Paar führt einen Ehekrieg hinter verschlossenen Türen. Die Liebe ist kalt geworden, Ursachen gibt es viele. Beide wollen an der Ehe festhalten, weil sie ihr Treueversprechen vor Gott gegeben haben. Aber die von Jesus erflehte neue Liebe füreinander lässt auf sich warten. Wie soll es nach Gottes Willen mit ihnen weitergehen?

Eine Frau leitet voller Freude und Liebe eine Kindergruppe in der Gemeinde. Aber die Verantwortung, die Vorbereitungszeit, die ständigen Absprachen nach allen Seiten zermürben sie. Soll sie ihr Amt niederlegen, für das sie begabt ist, wo Gott Frucht schenkt und sich niemand sonst als Nachfolger am Horizont zeigt? Warum gibt ihr Gott nicht die nötige Energie für ihre Aufgabe?

In Gefängnisse kommen wir nicht nur als Menschen ohne Gott. Gerade in der Nachfolge Jesu kann unser Weg in solche Abgründe führen, in denen wir Jesu Fußspuren nicht mehr sehen können.

Hier kann wie damals in Jerusalem der Engel des Herrn in unser Leben treten als helles Gegenlicht, das unsere Finsternis in sich aufnimmt. Dieser Engel sagt: „Steh auf! Komm!"

In dem Aufruf steckt der erste Teil der guten Nachricht. Wer sich traut, aus seinem Elend aufzustehen, signalisiert, dass er oder sie Hilfe erwartet. In manchen Gesprächen erlebe ich, dass Leute mir ihr ganzes Leid erzählen. Irgendwann im Gespräch kommen wir dann zu dem Punkt, wo der Engel des Herrn sagen würde: „Steh auf!" Angesprochen auf die Erwartung, die derjenige oder diejenige an Gott hat, erlebe ich häufig, dass das Gespräch eine merkwürdige Wende nimmt. Auf einmal scheint es, als ob das Leid doch nicht so groß wäre, eine Veränderung doch viel zu früh und man auch keine Hilfe braucht, um aus dem Gefängnis in die Freiheit zu kommen.

Und ich ertappe mich selbst dabei, wie ich auch zurückschrecke vor der Aufforderung „Steh auf!" Ich will oft gar nicht aufstehen, ich erwarte gar keine Änderung, ich habe mich in meiner Lage eingerichtet. Doch Petrus steht auf, und er folgt dem Ruf „Komm!". Vielleicht denken wir jetzt gleich an einen Ruf nach Afrika oder ins Kloster, irgendetwas Extremes, das die Alternative zu unserer bescheidenen Existenz bietet. Petrus wurde zurückgerufen in die Jerusalemer Gemeinde.

Heißt „Komm" für mich vielleicht auch, dass ich in meine Gemeinde gehen soll, dort die Freiheit erfahren kann, die Jesus mir schenken will? Diese Gemeinde betet für mich, wie sie damals für Petrus betete. Sie bewacht mich in der Gefangenschaft und bereitet mir den Weg in die Freiheit. In der Gemeinschaft der Gemeinde kann ich den neuen Weg erkennen, der in die Weite zeigt. Und warum fällt es so schwer, diesen Weg in die Gemeinde zu gehen? Wollen wir hier nur als Sieger zusammen sein und nicht als ehemalige Strafgefangene auf Bewährung? Ich sehe in dem Ruf „Komm!“ eine wunderbare Möglichkeit, hier und jetzt dem Engel des Herrn zu vertrauen, meine Hilfe hier zu suchen und festzuhalten, dass Jesus in der Gemeinde und mit der Gemeinde Großes vorhat.

Wie freuen wir uns, wenn jemand im Gottesdienst Zeugnis gibt wie Petrus einst: „Der Herr hat seinen Engel geschickt, um mich zu retten und zu bewahren.“

Kleine Gräsersetzlinge sollten nicht zu oft gegossen werden, damit sie kräftige Wurzeln ausbilden können. Wir Christen sehnen uns nach einem Leben wie im Regenwald. Doch unsere Wurzeln müssen sich ausbilden, unser Vertrauen zu Jesus muss wachsen. Dazu sind Dürrezeiten lehrreich, auch wenn wir im Vaterunser um Verschonung bitten. Gottes Wort wächst und breitet sich aus, unsere Glaubwürdigkeit als Christen gewinnt, wenn wir in Gefängnissen auf den Engel des Herrn warten, ihm unsere Hand geben und seinem Ruf zurück in die Gemeinde folgen.

5.2.3 Aufgetankt – und dann? (Apostelgeschichte 12,12-17.25-13,5)

Bei einer Tagung traf ich einen früheren Bekannten, mit dem ich damals im Jugendkreis war. Er studierte zu der Zeit Theologie und ist nun Pfarrer einer Landgemeinde. Wir unterhielten uns über unsere Gemeinden, und er erzählte, dass seine Leute im Ort die Kirche einfach nicht brauchten. Er käme sich vor wie eine Tankstelle ohne Autos. Zwar wären die Menschen sehr umtriebig, würden von einem Ereignis zum nächsten hetzen, aber ohne Kraft würden sie oft außer Puste geraten, sich ausgebrannt fühlen, auf der Strecke bleiben. Die logische Folge, bei Gott Hilfe zu suchen, ziehen sie nicht. Ich konnte Gott in diesem Gespräch nur danken. Als Gemeinde wissen wir hier doch sehr genau, wo unsere Kraft herkommt. Einige von uns fühlen sich auch ausgepowert, sind schwach oder von den Lebensumständen überfordert. Doch wir haben die Adresse für unsere Gebete im Kopf, wir können jederzeit um die Hilfe des Herrn flehen, und wir kennen das große Geschenk, dass wir einander im Gebet tragen und uns auch sonst in der Gemeinde helfen.

Mit meinem ehemaligen Jugendkreiskollegen spann ich das Bild von der Tankstelle dann weiter. Was machen wir, wenn wir an der Zapfsäule vollgetankt haben? Fahren wir dann los und wenn ja, wohin? Ich sagte ihm, ich fürchte, wir würden oft einfach an der Zapfsäule stehen bleiben. Vielleicht würden wir uns noch in den immer gleichen Kreisverkehr wagen, aber ganz neue Straßen befahren? Vertrauen, dass der Sprit bis zur nächsten, von Gott gesetzten Station reicht? Damit ist es, so zog ich Bilanz, vielleicht doch nicht so weit her, wie Gott es gerne hätte.

Vor kurzem befassten wir uns mit Petrus, der zum Passahfest 44 n.Chr. in Jerusalem im Gefängnis saß (siehe Abschnitt 5.2.2) Wir hörten von seiner Gemeinde, die 24 Stunden unaufhörlich für ihn betete, gegenüber den 16 Gefängnisaufsehern das himmlische Wachpersonal bildete. Wir dachten nach über die Wirkung des Heiligen Geistes, der die Gemeinde befähigte, im Gebet für Petrus da zu sein. Ganz klar kannte diese Gemeinde die Tankstelle Gottes mit dem himmlischen Sprit.

Heute können wir der nächsten Frage nachgehen: Wird die Jersalemer Gemeinde die Tankstelle vollgetankt verlassen und sich auf neue Wege einlassen?

Apostelgeschichte 12,12-17

„Als Petrus das klar geworden war (Apostelgeschichte 12,11: „Es ist also wirklich wahr! Der Herr hat seinen Engel geschickt, um mich vor Herodes zu retten und vor dem zu bewahren, was das jüdische Volk sich erhofft hat!"), ging er zu dem Haus, das Maria gehörte, der Mutter von Johannes mit dem Beinamen Markus. Dort waren viele Christen versammelt und beteten immer noch für seine Freilassung. Petrus klopfte an das Hoftor, und die Dienerin Rhode kam, um zu hören, wer draußen sei. Als sie Petrus an der Stimme erkannte, vergaß sie vor Freude, das Tor zu öffnen; sie rannte ins Haus und meldete, Petrus stehe draußen. „Du bist nicht ganz bei Verstand!" sagten die im Haus. Und als Rhode darauf bestand, meinten sie: „Das ist sein Schutzengel!" Petrus aber klopfte und klopfte, bis sie schließlich aufmachten. Als sie ihn sahen, gerieten sie außer sich. Er bat mit einer Handbewegung um Ruhe und erklärte ihnen, wie ihn Gott aus dem Gefängnis befreit hatte. „Berichtet das Jakobus und allen anderen Brüdern und Schwestern!" sagte er. Dann verließ er Jerusalem." (Gute Nachricht)

Die Tankstelle

Petrus hörte im Gefängnis den Ruf des Engels Gottes „Steh auf und komm!" Er stand auf und folgte dem Engel, der ihn in seine Heimatgemeinde führte, direkt zur Tankstelle Gottes. Dort waren die Gemeindeleute alle versammelt, um für Petrus zu beten. Doch die Reaktion auf Rhodes überraschende Nachricht, dass Petrus vor der Tür stehe, offenbart den fehlenden Erwartungshorizont. Die Autos ließen sich volltanken, sie waren auch bereit, die üblichen Wege im vollgetankten Auto zu fahren, sie rechneten vielleicht mit einem Freispruch am nächsten Tag, mit einem milden Urteil, aber offensichtlich nicht mit einem göttlichen Wunder in der Nacht. Sie waren ganz eins mit dem Herrn, und doch fehlte ihnen der Glaube, dass der Herr seinen Weg mit Petrus gehen würde.

Hier sollten wir in unseren persönlichen Bibeln ein großes Ausrufezeichen an den Rand des Abschnittes setzen. Die Gemeinde ist der Ort, an dem wir in besonderer Weise mit Jesus Christus in Kontakt kommen, weil er in der Gemeinde gegenwärtig sein will. Hier sagt er uns mit Worten aus Josua 1 zu „Ich lasse dich nicht fallen und verlasse dich nicht. Sei mutig und stark!" Doch fahren wir vollgetankt auch los? Erwarten wir, dass unsere Gebete erhört werden? Oder tun wir einfach weiter unsere Jobs, unsere Dienste, arbeiten wir unsere Listen, auch die Fürbitte-Listen brav ab, ohne einen Gedanken darauf zu verschwenden, dass das Tanken nicht Selbstzweck ist, sondern nur Mittel zum Weiterkommen?

Seit 25 Jahren spiele ich im Posaunenchor. Eigentlich dachte ich auch, dass das immer so weitergeht. Natürlich habe ich für die Bläserarbeit gebetet, auch die Bläserarbeit unserer Kirche. Doch etwas wirklich Neues habe ich nicht kommen sehen. Die wöchentlichen Übungsstunden fand ich ausreichend für meinen Dienst mit der Posaune. Bis ich eine Bläserschulung besuchte, die ich eigentlich nur aufsuchte, um eine schöne Woche Urlaub zu machen. Da packte mich der Heilige Geist und zeigte mir, welche neuen Wege sich durch die Bläsermusik auftun, wie wir mit Menschen in Kontakt kommen können, die Jesus noch nicht kennen, wie wir alle durch die Musik in besonderer Weise ausgerüstet werden, loszufahren, neue Wege zu beschreiten. Die Bläserarbeit hat für mich inzwischen einen völlig neuen Stellenwert. Sie ist Motor zum Weiterfahren in die noch unentdeckte Welt. Ich übe nicht mehr nur für den nächsten Auftritt, sondern für Gottes Mission, und das macht wesentlich mehr Spaß!

Das Beispiel der Hausgemeinde Marias lädt uns ein, unsere Aktivitäten persönlich durchzugehen. Erwarte ich, dass Gott bei mir anklopft, um mir den Weg nach vorn zu zeigen? Lasse ich mich an die Tür holen? Oder spanne ich gleich mein inneres Abwehrsystem auf: Das kann doch nicht wahr sein, das wird nicht klappen, das war doch noch nie so?

Und auch die innere Fürbittenliste steht in Frage: Wie viele Anliegen schleppe ich mit, bei denen ich gar nicht mit Gottes Eingreifen rechne, die mir für Lösungen sowieso zu kompliziert erscheinen, die ich so daher sage, damit ich sie loswerde?

Petrus vor der Tür von Marias Haus will uns ermutigen, dass unsere Gebete erhört werden. Lassen wir uns an der Tankstelle nicht einschläfern oder vom Weiterfahren abhalten. Der Heilige Geist betankt uns, damit wir losfahren mit seiner Hilfe. Ohne loszufahren, ohne Erwartung, dass sich durch das Tanken etwas ändern wird, brauchen wir keine Tankstelle und keine Gemeinde.

Apostelgeschichte 12,25-13,5

„Nachdem Barnabas und Saulus die Geldspende in Jerusalem übergeben hatten, kehrten sie nach Antiochia zurück. Sie brachten Johannes mit dem Beinamen Markus aus Jerusalem mit. In der Gemeinde von Antiochia gab es eine Reihe von Propheten und Lehrern; es waren Barnabas, Simeon, genannt „der Schwarze“, Luzius von Zyrene, Manaën, der zusammen mit dem Fürsten Herodes erzogen worden war, und Saulus. Als sie einmal für einige Zeit fasteten und sich ganz dem Gebet widmeten, sagte ihnen der Heilige Geist: „Gebt mir Barnabas und Saulus für die besondere Aufgabe frei, zu der ich sie berufen habe!“ Nach einer weiteren Zeit des Fastens und Betens legten sie den beiden die Hände auf und ließen sie ziehen. So wurden Barnabas und Saulus vom Heiligen Geist ausgesandt und auf den Weg geschickt. Sie gingen hinab nach Seleuzia und reisten von dort mit dem Schiff zur Insel Zypern. Als sie in die Stadt Salamis kamen, verkündeten sie die Botschaft Gottes in den jüdischen Synagogen. Als Helfer hatten sie noch Johannes Markus bei sich."

Die neuen Wege entdecken

Paulus, Barnabas und Johannes Markus brachen von Jerusalem auf, nachdem sie dort den Solidarbeitrag der umliegenden Gemeinden abgegeben hatten. Für Paulus und Barnabas war es eine Rückkehr in ihre Heimatgemeinde, für Johannes Markus ein ganz neues Feld. In Antiochien wurden die Nachfolger Jesu zum ersten Mal Christen genannt, damals waren sie eine etwas unorganisierte Hausgemeinde, in der Paulus mit Barnabas ein Jahr lang Gemeindeaufbau betrieb. Als die beiden mit Johannes Markus wieder kamen, stellten sie fest, dass die Gemeinde von einem guten Tankstellenteam geleitet wurde. Mit Prophetie und Lehre wirkten Simon, Luzius und Manaen und wurden nun wieder verstärkt durch Paulus und Barnabas. Dieses Leitungsteam der Gemeinde, das Gottes Wort auslegte und in die Situation hinein sprach, bestand aus Leuten, die alle einen gewissen Bruch durch den Glauben an Jesus Christus in ihrer Biographie erfahren hatten. Simon und Luzius kamen von ihren römischen Nachnamen her aus einer gehobenen Stellung, die sie für ihren Glauben aufgaben. Manaen war sogar Schulkamerad des Herodes gewesen, hatte diese beste Beziehung offenbar um des Glaubens willen aufgegeben. Barnabas verkaufte seinen Acker, um das Geld der Gemeinde zu spenden, er gab seine Lebensversicherung und seine Rentenanteile an die Gemeinde ab. Von Paulus wissen wir, dass er radikal die Seite gewechselt hatte. Diese Leute fuhren auf einer Straße direkt auf eine steile Abbruchkante zu. Doch vor ihnen tauchte ein Wagen mit Warnblinkern auf und lotste sie auf eine ganz neue Straße, die weg von der Abbruchkante in neues, unbekanntes Land führte. Erst im Nachhinein konnten sie sehen, wovor Jesus sie bewahrt hatte. Doch die Freude über ihre Rettung ließ sie darüber unruhig werden, dass sich noch immer viele auf die Abbruchkante zu bewegten. Sie wussten, worum es ging, und wollten nicht vollgetankt an der Tankstelle stehen bleiben. Sie begnügten sich auch nicht mit dem immer wiederkehrenden Kreisverkehr, sondern machten sich bereit, dem Ruf Jesu zu folgen, um neue Straßen zu finden, auf denen sie Menschen retten konnten.

Wir hören von ihnen, dass sie sich zusammentaten und ohne Hetze Gott dienten und fasteten. Wie haben wir uns das vorzustellen? Wohl so, dass sie sich ganz Gott zur Verfügung stellten. Ihren Terminkalender klappten sie zu, ihre Klingel stellten sie aus, ihr Telefon klemmten sie ab, in unseren Kategorien gesagt. Sie machten sich selbst leer, um Gottes Weisung zu empfangen. Sie sprachen mit Gott und ließen ihm Zeit zum Antworten. Als der Heilige Geist redete, konnten es alle verstehen. Interessant, dass sie nach der Weisung des Heiligen Geistes weiterbeteten, nicht gleich aufgeregt aufsprangen, um die Koffer für Paulus und Barnabas zu packen, sondern sich eine weitere Auszeit nahmen. Jetzt ging es wahrscheinlich um die Bitte um Gehorsam, dass Paulus und Barnabas in den Willen Gottes einstimmten und dass ihnen klar wurde, wohin die Reise gehen sollte.

Diese Aussendungsgeschichte ist eine sehr wichtige Beschreibung von Gemeindearbeit. Wir sind hier zusammen, um an der Tankstelle der Gemeinde nicht stehen zu bleiben, sondern von Gott her durch seinen Heiligen Geist die Weisung zu empfangen, wie es mit uns weitergehen soll. Dafür ist es nötig, Auszeiten für Gott zu nehmen. Der Heilige Geist kann mitten im Trubel zu uns sprechen, ohne Frage, aber wir beleidigen ihn, wenn wir ihn behandeln wie eine Kaufhausdurchsage, die nur zu uns durchdringt, wenn sie möglichst laut ist und unser Autokennzeichen nennt. In Notfällen mag das genügen, die Regel sollte es nicht werden.

Wir lernen auch, wie wichtig es ist, dass wir nicht allein für uns den Weg finden, sondern die Gemeinde betend mit uns ist. Die Tankstelle sendet aus, und sie bleibt verantwortlich für die Ausgesandten.

- Wen beziehe ich ein, wenn ich Gott nach dem neuen Weg in die Zukunft frage?
- Welche Auszeit kann ich mir mit diesen Menschen nehmen, um wirklich auf die Stimme des Heiligen Geistes zu hören?
- Wen bin ich bereit zu begleiten und für ihn oder sie zu beten?

Wir schauen zurück auf zwei Beispiele von betenden Gemeinden. In Jerusalem herrschte offenbar Kreisverkehr ohne neue Horizonte. In Antiochien und von Antiochien aus wurden neue Wege aufgetan. Antiochien wurde zur Muttertankstelle für eine ganze Tankstellenkette rund um den Globus bis heute.

Hier liegt die Chance für uns, wenn uns manche Jugendlichen im Sommer wieder wegen ihrer Ausbildungen verlassen werden. Wir sollten sie nicht einfach „gehen lassen“, sondern sie durch intensives Gebet unterstützen, dass sie als Rettungsfahrzeuge die Tankstelle „Gemeinde“ verlassen und jederzeit Menschen den Weg zu Jesus noch vor der Abbruchkante zeigen können. Und vielleicht wird der eine oder die andere an neuem Ort auch mitbauen an neuen Tankstellen.

5.2.4 Glaube im Gemeindealltag (Apostelgeschichte 20,7-12)

Für eine Freizeit mit Teenagern im Kirchlichen Unterricht wollten wir kreative Bibelarbeit in Gruppen anbieten. Ich suchte mir eine Action-Geschichte von Paulus heraus, weil ich annahm, dass man sie in der Gruppe spannend gestalten konnte. Doch die Bibelarbeit verlief anders als geplant. Die Jugendlichen unterrichteten mich, sie gaben mir neue Einblicke in gelingende und nicht gelingende

Gottesdienste, sie machten aufmerksam auf Leute, die aus unserem kirchlichen Betrieb heraus fielen und ließen mich erkennen, was eine lebendige Gemeinde ausmacht. Seither lässt mich diese Geschichte des Paulus nicht in Ruhe. Sie fordert mich auf, mit Ihnen durchzubuchstabieren, was damals in Troas geschehen ist und daraus für die Gegenwart zu lernen.

Paulus war unterwegs auf seiner dritten Missionsreise. Troas war ihm wohlbekannt, hier erfuhr er seinerzeit die Berufung Gottes, das Evangelium nach Europa zu bringen. Nun machte er wieder Station in Troas, um die Gemeinde zu besuchen, von seiner Missionstätigkeit zu berichten und sich an ihrem Wachstum zu freuen.

Apostelgeschichte 20,7-12

„Am Sonntagabend kamen wir zum Mahl des Herrn zusammen. Paulus sprach zu den Versammelten, und weil er zum letzten Mal mit ihnen zusammen war, denn er wollte am nächsten Tag weiterreisen, dehnte er seine Rede bis Mitternacht aus. In unserem Versammlungsraum im obersten Stock brannten zahlreiche Lampen. Auf der Fensterbank saß ein junger Mann mit Namen Eutychus. Als Paulus so lange sprach, schlief er ein und fiel drei Stockwerke tief aus dem Fenster. Als sie ihn aufhoben, war er tot. Paulus aber ging hinunter, legte sich auf ihn, umfasste ihn und sagte: „Macht euch keine Sorgen, er lebt!“ Dann ging er wieder hinauf. Er brach das Brot, teilte es aus und aß es mit ihnen. Danach sprach er noch lange mit ihnen und verabschiedete sich erst, als die Sonne aufging. Den jungen Mann aber brachten sie gesund nach Hause, und alle waren von großer Freude erfüllt.“ (Gute Nachricht)

Paulus hatte die Gemeinde in Troas gegründet, und sie war in der Zwischenzeit gewachsen. Nicht Einzelne kamen zusammen, sondern eine ganze Gemeinde versammelte sich am Sonntagabend. Noch gab es keine Kirchen, man traf sich in einem Privathaus, in dessen zweitem Stock ein großer Raum für die Gemeinde war. Diesen Raum stellten Leute aus der Gemeinde zur Verfügung. Ohne Frage verfügten sie über die Gabe der Gastfreundschaft, sonst wären ihnen die Menschenmengen in ihrem Haus bald auf die Nerven gegangen. Da es dunkel wurde, erhellten sie den Raum mit Petroleumlampen, die Luftqualität wird in diesem Raum entsprechend gewesen sein. Paulus erzählte von seiner Mission, von Gottes Wirken und den neuen Menschen an für die Gemeinde unbekannten Orten, er war so erfüllt von seiner Botschaft, dass er die Zeit nicht mehr im Blick hatte.

Doch nicht alle konnten seinen Ausführungen folgen. Von einem jungen Mann hören wir, dass er sich in eine Fensternische zurückzog, wahrscheinlich um frische Luft zu schnappen. Wir wissen nicht, warum er schließlich einschlief. Vielleicht hatte er einen anstrengenden Arbeitstag hinter sich, vielleicht interessierte ihn der Missionsvortrag nicht. Vielleicht war er in Gedanken ganz woanders und konnte mit Paulus nichts anfangen. Jedenfalls konnte ihn Paulus nicht wach halten, und so nahm das Drama seinen Lauf. Er verlor das Gleichgewicht und fiel ungebremst drei Stockwerke in die Tiefe.

Die Jugendlichen hakten hier ein. Sie konnten sich in dem jungen Mann wieder erkennen und erzählten sehr engagiert von ihren Erfahrungen. Sie kannten „todlangweilige" Predigten. Sie konnten auch genau sagen, was an diesen Predigten todlangweilig war. Diese Predigten hatten sich nicht mit ihrem Leben verbunden. Es waren Ausführungen, die nichts mit ihrem Leben zu tun hatten. Sie fanden sich nicht wieder, wussten nichts mit den Richtigkeiten anzufangen, schalteten innerlich ab. Es kam mir so vor, als wenn die Jugendlichen einen Wecker bekommen hätten und ihnen gesagt wurde, was ein Wecker alles kann, aber die Bedienungsanleitung gab man ihnen nicht. Sie konnten den Wecker, das lebendige, herausfordernde Wort Gottes, bestaunen, wussten, was es bewirken konnte, aber hatten nichts davon, weil sie selbst den Wecker nicht zum Läuten bringen konnten. Jeden Morgen verschliefen sie trotz Wecker auf dem Nachttisch.

Diese Problemanzeige müssen wir uns nicht nur als Predigende anhören. Genauso können Kindergottesdienst-Mitarbeiter, Jungscharleiterinnen, Hauskreisleiter Gottes Botschaft weitergeben und dabei das Gegenüber, den einen auf der Fensterbank, nicht im Blick haben und an ihm vorbei reden. Wenn sogar Paulus Predigt für Eutychus zum Einschlafen war, wird wohl niemand von uns sagen können, dass er oder sie es immer schafft, andere mit der guten Nachricht zu erreichen und das Wort Gottes in ihr Leben sprechen zu lassen.

Der junge Mann geriet zu nahe an den Abgrund und fiel hinab. Merken wir, wer bei uns an den Rand gerät, bei wem sich die Verkündigung nicht mit dem Leben verbindet, wer keine Luft mehr bekommt und wer vielleicht schon kurz vor dem Absprung ist? Eutychus hatte einen Unfall, als er heraus fiel. Es war bestimmt keine Absicht und nicht von langer Hand geplant. Manche haben auch bei uns solche Unfälle. Eine persönliche Krise lässt jemand an den Rand geraten. Er oder sie fühlt sich von Gott und Menschen allein gelassen. Die lebendige Beziehung zu Jesus Christus ist wie abgestorben. Eine andere taucht langsam weg, ihr Engagement für Gott und die Gemeinde wird schleichend weniger, sie spürt es kaum, aber bald ist die letzte Verbindung gekappt, sie ist aus der Beziehung heraus gefallen. Ein anderer besucht zwar die Gemeinde, aber es ist längst zu einer inhaltslosen Routine geworden. Lebendig würde er seinen Glauben nicht bezeichnen, die Verkündigung rauscht sonntags an ihm vorbei und nichts bleibt am Montag davon übrig.

Die Gemeinde in Troas bemerkte den leeren Platz auf der Fensterbank. Vielleicht hatten sie einen lauten Knall beim Aufprall des Körpers auf dem Boden gehört. Vielleicht vermisste jemand die monotonen Schnarchgeräusche, vielleicht merkte es der Freund, der Eutychus zur Gemeinde mitgebracht hatte. Jedenfalls liefen die Gemeindeleute nach unten und sahen den toten Eutychus auf der Erde liegen. Sie wurden durch Gottes Geist aufmerksam gemacht, dass einer in ihrer Gemeinde fehlte. In Troas hört es sich selbstverständlich an, bei uns ist es lange nicht so selbstverständlich. Ein Mann erzählte mir, wie er durch seine Scheidung aus seiner Gemeinde heraus gefallen ist. Die Gemeinde scharrte sich um seine Frau, die ihn verlassen hatte, ihn ignorierte man. Die ersten Wochen nach der Trennung saß er weinend hinten im Gottesdienst, doch keiner ging ihm nach. Er hat enttäuscht der Gemeinde den Rücken gekehrt und hätte beinahe auch die Verbindung zu Gott verloren, wenn er nicht in einer anderen Gemeinde offene Arme erlebt hätte. Der Mann wusste, warum die Gemeinde ihn nicht unterstützen konnte, er fand viele logische Gründe dafür, doch das half ihm nicht in seiner Einsamkeit.

Wir haben heute die Chance, von Troas zu lernen. Wir haben als Gemeinde versprochen, neue Glieder in die Gemeinschaft aufzunehmen und ihnen Heimat zu geben. Es ist nicht in unser Belieben gestellt, ob wir den Aufprall zufällig hören oder nicht, strategisch günstig sitzen oder weit weg sind vom Geschehen. Es ist unser Auftrag, dem oder der Herausgefallenen nachzugehen und den Stammplatz in der Gemeinde zu verlassen. Wir werden durch jeden, der heraus fällt, auf die Probe gestellt, ob die gute Botschaft von Jesus Christus in uns eingedrungen ist und uns mit Jesu Liebe zu den Verlorenen erfüllt hat.

Paulus merkte nun wohl auch, dass die Gemeinde nicht mehr andächtig an seinen Lippen hing. Er ging den nach unten Stürmenden nach. Er legte sich auf Eutychus, wie die Propheten Elia und Elisa es schon 800 Jahre vorher getan hatten, und wurde Zeuge, dass der Auferstandene vor aller Augen ein Osterwunder geschehen ließ. Der tote Eutychus kam zu sich und war lebendig. Auch wenn wir Paulus nicht nachahmen können und Tote lebendig machen, so können wir doch Seelsorge bei Paulus lernen. Er ließ sich ganz auf Eutychus ein, er verband sein Leben mit dem des Eutychus, und er wartete darauf, dass Jesus das Wunder des neu geschenkten Lebens geschehen ließ. Paulus zerrte den Toten nicht in den Gottesdienstraum, sondern blieb bei ihm an Ort und Stelle. Wer die Gabe der Seelsorge hat, wird ganz ähnlich handeln wie Eutychus. Eine Frau, die diese Gabe hat, nutzt zum Beispiel bewusst Autofahrten für seelsorgliche Gespräche. Sie wartet nicht, bis ihre Mitfahrer in die Kirche kommen, um sie dort auf ihr Leben und Jesus Christus anzusprechen. Sie hört einfach zu, und die Leute erzählen ihr von sich aus ihre Lebensgeschichte. Sie wartet auf den Zeitpunkt, wann sie Gottes Hilfe ins Gespräch einbringen kann und wird, so sagt sie, immer wieder Zeugin von Osterwundern, dass Einzelne aus dem Auto steigen und neuen Lebensmut bekommen haben, wieder einen neuen Anfang machen oder überhaupt auf den Glauben als Rettungsanker aufmerksam werden. Die Gabe der Seelsorge, wie Paulus sie uns in Troas vorführt, ist wie ein Starterkabel, das die

Verbindung zwischen einer laufenden Lichtmaschine und einer leeren Autobatterie herstellt. Gott nutzt die Gabe der Seelsorge wie ein Starterkabel, um leeren Menschen seinen Lebensgeist zu schenken.

Als die Umstehenden merken, dass sich vor ihren Augen Gottes Größe gezeigt hat und ein Mensch zum Leben geführt wurde, gehen sie wieder hinauf in ihren Versammlungsraum und feiern ein rauschendes Fest mit Abendmahl. Es wirkt für uns wie ein vorweggenommenes Mahl im Reich Gottes, das Jesus uns angekündigt hat. So wird es am Ende der Zeiten im Himmel sein, wenn Jesus die Erlösten um sich sammelt. Solch ein Fest sollten auch wir feiern, wenn ein Herausgefallener oder eine Herausgefallene wieder lebendig wird, ihre Beziehung zu Gott und ihrer Gemeinde wieder aufnimmt und von Gott neue Energie bekommt. Dieses Fest, bei dem Jesus im Mittelpunkt steht als der gute Hirte, der dem Verlorenen nachgeht, um ihn zu retten, tröstet. Da werden alle in ihrem Glauben gestärkt und mit neuer Hoffnung erfüllt.

Die Gemeindegeschichte in Troas gibt ein paar Hausaufgaben.

- An welcher Stelle spiele ich mit?
- Bin ich eine, die schon auf der Fensterbank sitzt?
- Habe ich jemand im Blick, der gerade dort eingeschlafen ist?
- Bin ich aufgefordert, dem Herausgefallenen nachzulaufen?
- Habe ich die Gabe der Seelsorge?
- Bin ich zuständig für das Feste Organisieren und Feiern?
- Habe ich den Trost einer solchen Erfahrung nötig?

Lassen wir uns auf diese Hausaufgaben ein, wird sich Gottes Wort mit unserem Leben verbinden und uns verändern. Als Herausgefallene ruft er uns zurück ins Leben, als Lehrende gibt er uns den Blick und die Liebe für die, die innerlich abgehängt haben, als Gemeinde macht er uns aufmerksam auf unsere Selbstverpflichtung, den Menschen am Rande nachzugehen und sie in die Gemeinschaft mit Gott zurück zu holen.

5.2.5 Neuland betreten (Josua 3)

Im Eingang unseres Gemeindezentrums hängt ein großes Bild mit dem Bibelwort „Gott spricht: Ich lasse dich nicht fallen und verlasse dich nicht.“ Jedes mal, wenn wir zum Gottesdienstraum hineingehen, wird unser Blick automatisch auf dieses Gotteswort gerichtet. Was hat es uns in der letzten Woche gesagt? In welchen Situationen ist es uns wichtig geworden? Mir selbst sind einige Tage in Erinnerung gekommen, wo mir dieses Wort zu einem Halteseil wurde. Es waren hauptsächlich Alltagsprobleme, Berge, die ich abtragen musste, Konflikte, die ich lösen sollte. Es war gut zu wissen, dass ich in diese Baustellen nicht allein geschickt wurde, sondern das starke Seil Gottes mich dabei festhielt.

Doch ich habe noch etwas anderes entdeckt. Das Wort Gottes, das er Josua zusprach, stand am Beginn eines großen Auftrags an Josua. Der sollte das Volk Israel ins gelobte Land führen, durch einen im Frühjahr über die Ufer getretenen reißenden Strom hindurch, mitten in feindliche Stadtstaaten hinein. Gott wollte Josua mit seiner Zusage nicht einfach einen sorglosen Alltag bescheren, sondern Josua in einer großen Herausforderung seine Zusage geben. Daraus ergeben sich einige bemerkenswerte Hinweise für unser Leben.

Josua und das Volk Israel werden dabei zu einem Beispiel, wie Gott auch heute noch mit uns Menschen spricht und wie er nicht nur damals sein erwähltes Volk führte, sondern uns auch heute mit seinem Heiligen Geist leitet. Wir sind nicht Josua, aber wir sind Menschen, die von Jesus Christus gerufen sind, ihm ins verheißene Land zu folgen. Wir kommen deshalb in dieser alten Josua-Geschichte vor, die nicht in der Vergangenheit bleibt, sondern zu unserer Lebensgeschichte werden kann.

Aufbruch

Das Volk Israel lagerte im Osten des Flusses Jordan. Zweieinhalb der 12 Stämme Israel hatten dort bereits Land zugeteilt bekommen. Sie konnten sich schon jetzt sesshaft machen, Häuser bauen, Landwirtschaft betreiben. Die anderen warteten auf das Aufbruchsignal, endlich nach 40 Jahren Wüste ins Westjordanland zu gelangen. Josua hörte Gottes Stimme, die ihn beauftragte, nun die Initiative dazu zu ergreifen. Dabei rief er das ganze Volk zusammen, auch die zweieinhalb Stämme, die ihr Land schon erhalten hatten. Sie sollten sich an dem Aufbruch beteiligen und ihre eigenen Themen vorerst ruhen lassen.

Es hätte durchaus Alternativen zu diesem Aufbruch gegeben.

Alle 12 Stämme hätten sich im Ostjordanland niederlassen können und wären eben enger zusammen gerückt. Sie hätten sagen können: Nein, vor dem gelobten Land haben wir Angst. Der Leidensdruck ist nicht so groß, lasst uns alles mal langsam angehen.

Die zweieinhalb Stämme hätten sagen können, dass sie unmöglich ihre Häuser im Stich lassen könnten, sie hätten jetzt vor Ort Verantwortung, die anderen müssten schon für sich selbst sorgen.

Das Volk hätte sich zu Gebetsversammlungen treffen können und täglich darum beten können, dass Gott ihnen alle Flüsse, Steine und bewaffnete Stadtstaaten aus dem Weg räumen sollte, bevor sie losgingen. Sie wollten sich ganz sicher sein, dass sie auch nichts falsch machten.

Doch Josua hörte Gottes Stimme und gehorchte. Er rief zum Losgehen, obwohl er mit Widerstand rechnen musste, er verließ sich auf Gottes Zusage und zögerte nicht.

Jesus begegnete Menschen, die den Wunsch äußerten, ganz nah mit ihm verbunden zu sein. Jesus sagte ihnen: Kommt und folgt mir. Doch manche Leute hatten es auf einmal gar nicht mehr so eilig. Die einen vermissten sichere Häuser für die Unterkunft unterwegs, die anderen wollten erst noch den Abschied feiern und es sich dabei vielleicht noch mal gründlich überlegen, wieder andere schoben noch dringende Familienpflichten vor, die sie am Aufbruch hinderten.

Das Gotteswort im Eingang unseres Gemeindezentrums ist uns nicht für das Ostjordanland gegeben, sondern für den Aufbruch nach vorn, die Herausforderung, mit Jesus dem Gelobten Land entgegen zu gehen. Wir dürfen uns mit unserem Alltag, unseren Häusern und unseren ganz persönlichen Lebensthemen nicht zufrieden geben. Es wartet ein größeres Land auf uns, in dem wir Jesu Gegenwart hautnah spüren, in noch innigerer Gemeinschaft mit ihm leben, erfahren, wie er uns den Tisch deckt und für uns sorgt.

Für mein eigenes Leben möchte ich es so übertragen: Wie Josua damals Gottes Ruf gehorchte, so möchte ich Jesus hören, wie er mich ruft, ihm zu folgen. Das kann eine neue Aufgabe sein, eine Herausforderung, vor der ich mich bis jetzt gedrückt habe, eine völlig unerwartete Lebensführung oder etwas wirklich anderes, als ich für mich geplant hatte. Ich möchte Jesus nicht nur für meine eigenen Themen als Sicherheitsseil einspannen, sondern mich an seinem Seil in seine Gegenwart führen lassen.

Reinigung

Als ersten Schritt des Aufbruchs ordnete Josua an, dass das ganze Volk sich reinigen sollte. Damit waren keine großen Waschorgien gemeint, sondern es ging einzig und allein um ein geklärtes und bereinigtes Verhältnis jedes Einzelnen zu Gott. Bevor jemand sich ganz Gott anvertraute, sollte er oder sie mit seinem Herrn im Reinen sein.

An dieser Stelle lohnt es, wieder einen Blick auf unser Leben zu werfen. Wie schnell geschieht es, dass wir den Schritt der Reinigung auslassen. Ich sehe eine Herausforderung und stürze mich sofort hinein. Ich höre am Telefon von einer Not und fange sofort an zu überlegen, was ich tun kann. Ich habe einen wichtigen Termin und finde nicht die Ruhe vorher, mit Jesus über die Gesprächsinhalte zu reden. Wenn ich die Aufforderung Josuas befolge, dann renne ich nicht gleich zum Jordan und schwimme ans andere Ufer, sondern ich suche einen stillen Ort auf und lasse mir von Jesus zeigen, wie er Großes tun kann. Ich mache mir bewusst, dass er immer voraus geht und den Weg für mich bahnt. Ich bitte ihn, dass er meine Hand festhält, auch wenn ich unsicher werde, und mein Vertrauen stärkt, auch wenn ich Angst bekomme. Nur wenn nichts zwischen uns steht, kann er mit mir den Jordan durchschreiten. Jede Kontaktstörung kann meinen Untergang im entscheidenden Moment bedeuten.

Der Weg durch den Jordan

Josua 3,9-17

„Da rief Josua das Volk zu sich und sagte: „Hört, was der HERR, euer Gott, euch sagen lässt: Wählt zwölf Männer aus, von jedem Stamm einen! Die Bundeslade des Herrn, dem die ganze Erde gehört, wird voran ziehen und euch einen Weg durch den Jordan bahnen. Sobald die Priester, die sie tragen, ihre Füße ins Jordanwasser setzen, wird kein Wasser mehr nachfließen. Der Fluss wird sich weiter oben anstauen wie vor einem Damm. Daran sollt ihr erkennen, dass ihr einen lebendigen Gott habt. Er wird sein Versprechen halten und die Völker des Landes vor euch vertreiben: die Kanaaniter, Hetiter, Hiwiter, Perisiter, Girgaschiter, Amoriter und Jebusiter.“ Nun brach das Volk auf, um den Jordan zu überschreiten. An der Spitze des Zuges gingen die Priester mit der Bundeslade. Es war gerade Frühjahr; um diese Zeit führt der Jordan so viel Wasser, dass er über die Ufer tritt. In dem Augenblick, als die Priester den Fuß ins Wasser setzten, staute sich der Fluss weit oben bei dem Ort Adam in der Nähe von Zaretan, und das Wasser unterhalb der Stauung lief zum Toten Meer ab. So konnte das ganze Volk trockenen Fußes bei Jericho durch den Jordan gehen. Die Priester aber blieben mit der Bundeslade im Flussbett stehen, bis alle sicher auf der anderen Seite angekommen waren.“ (Gute Nachricht)

Nicht Josua als Führer ging dem Volk voran, sondern Priester mit der Bundeslade, in der das Wort Gottes aufbewahrt war. Die Priester mit der Bundeslade als sichtbarem Zeichen der Gegenwart Gottes signalisierten dem Volk, wer ihnen den Durchzug durch den Jordan ermöglichte. Nicht Josua war der Held, sondern Gott selbst hatte das Geschehen in seiner Hand. Für die Priester allerdings mag es ein sonderbares Geschehen gewesen sein. In den überfluteten Fluss sollten sie treten und darauf vertrauen, dass Gott das Wasser anhalten würde. Ausharren sollten sie in ihrer Position, bis auch das letzte Kind den Weg ans andere Ufer geschafft hatte.

Was haben diese Priester uns zu lehren? Wir wissen um die neue Herausforderung, wir wissen darum, dass Gott uns neues Land eröffnen will. Wir haben unser Verhältnis zu Jesus Christus bereinigt, seine Größe und Kraft ist uns wieder neu bewusst geworden. Nun geht es los. Doch wieder dürfen wir nicht einfach losstürmen und uns in die Fluten des feindlichen Flusses stürzen, sondern sollen dem Gebet den Vorrang lassen. Wie sieht das aus?

Als Gemeinde sind wir daran aufzubrechen. Der Kindertreff und die Jungschargruppe werden sich nach den Sommerferien stark verändern. Kinder sind dem Kindertreff entwachsen. Werden sie Anschluss in der Jungschar finden? Werden wir neue Kinder mit dem Kindertreff erreichen können? Wird die Jungschar die Neuen aufnehmen können? Wird sie ihnen helfen, Jesus Christus lieben zu lernen? Die Jugendgruppe steht vor einem Umbruch, nachdem einige ihre Schulzeit beendet haben. Werden neue Jugendliche erreicht, die Jesus brauchen? Eine Jungbläsergruppe ist im Entstehen. Wird es Kinder geben, die mit einem Blechblasinstrument anfangen wollen, um es zur Ehre Gottes einzusetzen? Und in diesem Katalog von offenen Fragen sind noch nicht die Themen einzelner aufgenommen, die nach ihrer Zukunft fragen, weil sie sehen, dass Jesus sie noch viel konsequenter in die Nachfolge ruft.

Eine Gemeinde, die mit solchen Fragen nach der Anleitung Josuas umgeht, versammelt sich zuallererst zum Gebet. Dieses Gebet ist kein Aneinanderreihen von Bitten, sondern ist Warten auf Gottes Handeln. Wir können kein einziges Kind aus eigenen Kräften in den Kindertreff ziehen. Wir können keinen Jugendlichen mit eigenen Argumenten überreden, dass Jugendkreis viel besser ist als mit Freunden rumzuhängen. Wir sind doch ganz und gar abhängig von Gottes Tun und müssen uns deshalb auch nicht todesmutig in Fluten stürzen, die uns ertränken werden. Wir können beten und füreinander beten, dass der Herr uns genau den Weg freimacht, der für uns jetzt dran ist.

Noch etwas wird deutlich. Die Priester mussten ihre trockenen Füße ins Wasser setzen. Sie mussten schon mal losgehen. Unser Gebet ist keine Alternative zum Losgehen, sondern beides geschieht miteinander. Jemand sagte zu mir: „Ich möchte gerne in der Gemeinde mitarbeiten, sag mir, wo ich gebraucht werde.“ Das war eine klare Aussage. Hinterher dachte ich, hat er sich schon einen Abend oder ein paar Stunden für diese neue Mitarbeit reserviert? Ist er schon einen Schritt ins Wasser gegangen, bevor wir darum beten, wo es nun lang gehen soll? Oder wird er mir bald sagen: „Eigentlich will ich schon, aber Zeit habe ich nicht. Danke, dass du mit mir gebetet hast, wo Jesus mich braucht, aber ich bleibe mal noch eine Weile im Trockenen.“

Das Gebet im Fluss zeigte Wirkung. Das Wasser blieb gestaut stehen. Und alles Volk ging hindurch. Dieses Bild fasziniert mich. Ich sehe den Kindertreff vor mir und neue Kinder, die Zugang zu dieser Gruppe gewinnen. Ich sehe die Gemeinde, die das nicht nur wohlwollend und dankbar wahrnimmt, sondern sich mit dem Kindertreff aufmacht. Leute, die das Team unterstützen, nachfragen, helfen, für die Kinder beten. Leute, die Familiengottesdienste vorbereiten und selbst daran teilnehmen, weil sie den Ruf Gottes hören, dass die Gemeinde hier einen Weg durch den Jordan gezeigt bekommen hat. So ließe sich das auf jede andere Wegführung Gottes im Gemeindeleben übertragen. Mit dem Fuß im Wasser beginnt der Durchzug durch die Fluten. Das Gebet lässt aufmerksam werden, wo Gott uns den Weg bahnt. Und wenn wir den Weg klar vor uns sehen, dann sollten wir nicht lange hin und her diskutieren, ob es noch andere Wege gibt, sondern miteinander in großer Einigkeit losgehen und die rückgestauten Fluten nutzen für die neuen Wege Gottes. Das Gebet sollte dabei niemals abreißen. Es ist die Verbindung zu unserem Herrn und unserem Ziel: Jesus Christus.

Gedenksteine

Als das Volk am anderen Ufer angekommen war, ließ Gott Josua aus jedem Stamm einen herausrufen, der wieder zurück in das Flussbett gehen sollte, um dort einen Gedenkstein zu holen. Jeder Stamm sollte einen Stein aufstellen, der als Erinnerung an Gottes Tat am Jordan dienen sollte. Wir haben am Eingang unserer Kirche einen solchen Stein, auf dem die Grundsteinlegung des Gemeindezentrums vermerkt ist. Ich bin mir sicher, dass hier ein solcher Gedenkstein aufgestellt wurde, der die nachfolgenden Generationen erinnern sollte, dass damals der Jordan stehen blieb, um in diesem Ort ein solches Gemeindezentrum zu bauen. Ist seitdem nichts mehr mit der Gemeinde geschehen, das einen solchen Gedenkstein gerechtfertigt hätte? Sind Gebäudeeinweihungen das Größte, das die Gemeinde Jesu erleben kann? Wo sind die Gedenksteine der Bekehrungen, Versöhnungen, Heilungen, Rettungen, Führungen? Ich weiß, dass wir jetzt nicht zu Bildhauern werden und lauter Gedenksteine im Garten aufbauen wollen, zumal es sich auch oft um sehr persönliche Daten handelt, die wir nicht so gerne öffentlich ausstellen wollen. Doch ich möchte dazu ermutigen, für sich selbst solche Gedenksteine zu beschriften und sie an irgendeiner Stelle zu hinterlegen. Nicht nur, wenn unsere Kinder uns fragen, sollten wir Antwort geben, wie sehr uns der Herr geholfen hat und wo er uns nicht fallen und nicht allein ließ. Vielleicht ist es eine Anregung für die verschiedenen Kleingruppen, einmal die Gedenksteine des letzten halben Jahres anzuschauen. Sie geben Kraft für die neuen Herausforderungen und Aufbrüche, die nun vor uns liegen.

Gott spricht: „Niemals werde ich dir meine Hilfe entziehen, nie dich im Stich lassen. Sei mutig und entschlossen!“ (Josua 1,5-6, Gute Nachricht)

MIX
Papier aus verantwortungsvollen Quellen
Paper from responsible sources
FSC® C105338

Printed by Books on Demand GmbH, Norderstedt / Germany